Manuel des pratiques viticoles contre les maladies du bois

ブドウ樹の
生理と剪定方法

～病気を防ぐ樹体管理～

シカバック（SICAVAC）著

榎本登貴男 訳

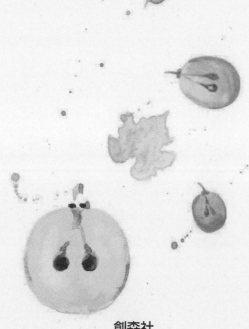

創森社

ブドウ畑の垣根。美しい幾何学模様となっている(フランス・ブルゴーニュ。7月)

翻訳出版にあたって

　本書は、フランスの SICAVAC（シカバック）によって作成されたブドウ栽培者のための実践的ブドウ樹管理のマニュアルである。

　SICAVAC とはセントラル・ロワール地方のワイン業界間事務局（B.I.V.C.）に本拠を置き、ブドウ栽培のアドバイスやワイン醸造のコンサルティング、ワインの成分分析など幅広いサービスをワイン事業者に提供している組織。主任カウンセラーの François Dal（フランソワ・ダル）を中心に農学のエンジニアの人々が、数多くのブドウ産地からの招聘に応じブドウ樹の剪定の研修を実施している。彼らが推奨しているギュイヨ・プサールという剪定方式は多くのワイナリーで採用されており、私の BTS（ワイン醸造とブドウ栽培の上級技術者資格）の口頭試験・論文もギュイヨ・プサールについてだった。

　2018 年、私がブルゴーニュ大学の IUVV（ブドウとワイン科学学部）に在学中に本書の原書を購入し勉強していたが、学部長の Marielle Adrian（マリエル・アドリアン）がフランソワ・ダルを紹介してくれ、サンセールにある SICAVAC のオフィスを訪ねたことがある。 ブドウ樹の木部の病気の理論とそれを防ぐ剪定の手法は新鮮な驚きであった。折よく長野県がSICAVAC から講師を招き講習会を開くこととなりそのお手伝いをさせていただいたことから、SICAVAC の理念をより広く日本に紹介したいと思い至った。

　本書では最新のブドウ樹の生理学および十数年にわたる彼らの研修の実績と実験結果をベースに、間違った剪定によりブドウ樹の病気に至るリスクとそのメカニズムを、さらにはそれを避ける手法を理論と実践の両面から明快に説明している。もちろん本書はフランスの圃場において培われた技術をベースにしたものだから、本書に書かれたやり方が、そのまま日本に適用できるとは限らない場合もある（例えば、土壌が肥沃な日本では樹勢をコントロールするために負荷〈残す芽の数〉は多めにしたほうがいい場合もあるだろう）。

　大事なのは図や写真通りに剪定することではなく、ブドウ樹の生理と仕組みを理解しながら剪定することである。なぜなら栽培の諸条件が変わっても、ブドウ樹の生理という本質は変わらないからだ。剪定とは様々な条件のもとで、ブドウ樹の生理を利用してその成長と収穫を最適化させる作業といえるだろう。本書が、前半部分の理論と後半の剪定の実践から成り立っているのは、まさにこのためである。初心者にとってはまさに正しい剪定とは何かを、熟練者にとってはこれまで知らずに行ってきた作業の "なぜ" に答えてくれるに違いない。

訳 者　榎本 登貴男

1

日本語版出版に寄せて

収穫間近のピノノワール。収穫期は10月初旬だが、温暖化の影響で2〜3週間早まっている

　本書の剪定理論は、フランス全土のワイン用ブドウ栽培者から支持されています。それを日本語で読めるようになるとは……このうえないうれしい気持ちでいっぱいです。

　訳者の榎本登貴男さんとの出会いは、電子メールでした。2017年当時、私は長野県農業試験場で、ワイン用ブドウの研究と栽培振興を担当し、ブドウ栽培情報を掲載する会員制ホームページを管理。ある日「現在、フランスのモンペリエ大学で勉強中です」と始まる登録申請を受信し、驚きました。何度かメールをやりとりするうち、ブドウ栽培面でプラスになる人材だと直感し、会員登録したことを覚えています。

　1年後、本書原書の出版元であるフランスのSICAVACから講師を招き、「フランスの講師による垣根仕立ての剪定講習会」を行う計画を立てます。開催には榎本さんはもちろん、田口いずみさんと鷹野永一さん（ともに信州たかやまワイナリー）に多大なお力添えをいただき、3か所で延べ200名余りが参加して大盛況だったことを記しておきます。

　さて、フランス語の原書は、講習会の合間に榎本さんに初めて見せてもらいました。「日本語への翻訳を考えている」とうかがいました。それが実現したことは、日本のブドウ生産者と技術者にとって貴重な指南書になり続けるものと確信しています。

　このすばらしい日本語版を、さらにうまく活用するためのポイントがあります。

　外国の技術には、「すべて真似してよいものと、導入地でアレンジすべきものとがある」ということです。本書の剪定理論は、樹そのものの生理に基づきますので、そっくり導入してよいでしょう。ただし、剪定で残す芽数は、環境すなわち気候風土に応じて変える必要があります。例えば冬季剪定で残す芽数は、フランスよりも生育期の雨量が多い日本では、適樹勢に誘導するために多く残すことが必要な点などです。生育条件を考慮し、訳者による注釈などを参考にするとよいでしょう。

　本書をきっかけに、日本でもワイン産業の土台であるブドウ樹が、適切な剪定で樹液（人間でいえば血液に相当）がうまく流れる健全な樹となってブドウ生産を安定させ、栽培者・醸造関係者の方々がともにステップアップできることを願っています。

長野県松本農業農村支援センター
（前・長野県農業試験場企画経営部）
中澤 徹守

芽の成長を均一にするため、枝を大きく曲げて、どの芽も同じように成長させる

はじめに

　ブドウ樹の木部の病気はブドウ栽培者にとって主要な技術的関心事であり続けており、その被害はブドウ圃場の一部の消失というリスクにまでなっています。2001年からの亜ヒ酸ナトリウムによる農薬散布の禁止ばかりが、大多数の地域における数多くの品種に見られた枯れ死の増加の原因ではないように思われます。実際、その農薬を使っていなかった者も同様にそれらの病気が蔓延したと語っていますから、おそらく病気に好都合な他の要因が介入しているのでしょう。

　研究者たちは彼らの研究目標を追求し、ブドウ栽培家は有効な解決策を待ち望んでいます。新しい道は開かれました。例えば、ボルドーのISVV（ブドウとワインの高等学院）とシャンガンのl'Agroscope（アグロスコープ）のチームの研究結果は、これまで一番広く認められていた理論に対して革新的見地を予見させてくれます。彼らの研究はとりわけブドウ樹の感受性の遺伝学的、生理学的側面に注目しています。

　この取り組み方は、私たちが数年にわたり唱えてきた、菌類がブドウ樹の死つまりブドウ樹の病気の発現の第一の原因ではないという仮説に通じるものです。それらはしばしばブドウ栽培の実践における過失、とりわけブドウ株の木部の損傷の繰り返しとなる剪定における過失によるもので、次にそれが菌類の繁殖を増幅する現象となります。 理論と実践におけるそれらの見地は2008年に出版された＜Guide pratiques de la taille Guyot（ギュイヨ剪定の実践ガイド）＞に書かれています。

　以来、フランソワ・ダルとそのチームは、彼らの研究を掘り下げ経験を充実させました。彼らは、この＜Manuel des pratiques viticoles contre les maladies du bois（ブドウ樹の生理と剪定方法～病気を防ぐ樹体管理～）＞の中で＜Guide pratiques de la taille Guyot＞を再び取り上げ、詳しく説明しています。他の剪定方法を説明したり、摘芽（またはムダ枝取り）の章を追加することでその理論を補完しています。さらにはまったく新しい章を設け、接ぎ木済み苗木の品質問題を取り上げ、次に病気になったブドウ樹の救済と修復の具体的手段を提案しています。

Bertrand DAULNY

Directeur de SICAVAC

剪定の基本と実践マニュアル　　35

◆翻訳メモ

• 巻末の用語集は訳者が追加作成したもの

• 本文中の＊印は訳者が解説のため、注釈として追加。
　また、図や写真にも説明を加えている

• 日本語に正確な対訳が見つからなかった場合やいく
　つもの類語訳がある場合は、誤解を避けるためにそ
　のままカタカナ表記にした（例：長梢の結果母枝＝
　バゲット、短梢＝クルソン、主幹など２年枝以上か
　ら出た芽や枝＝グルマン）

• フランスの表現に倣い、今年の春に発芽してできた
　枝を「１年枝」、その元となっているバゲットやク
　ルソンは「２年枝」と呼ぶ

• débourrement は発芽と訳した。ブドウの発芽は萌
　芽ともいわれるが、本文の意に添い発芽を採用

農薬を使わないブドウ畑。花盛りの下草は後で
掘り込めば肥料にもなる（フランス・ブルゴー
ニュ。４月）

ブドウ樹の生理とリスク要因

Partie Théorique

剪定の目的

　ブドウ樹の剪定とは、樹の一部を切断することですが、ときとしてブドウ株の重要な部分の切り落としもあります。それはその年に、プロダクションの量と質の両面にインパクトを与えますが、次の年においても同様です。剪定ができるかぎり最も的確であるために、いくつもの目標が訴求されます。それらの目標は、いくつかの点にまとめられるでしょう。

・当年の目標
　− 栽培条件に沿った空間にブドウ株がうまく収まるようにする
　− 十分な生産量を確保する。ただし多過ぎないこと
　− ブドウの房の配置とそのミクロ・クリマを改善し品質を向上する

・2年目以降の目標
　− 剪定を容易にする
　− 新たに十分なブドウがつくれるようにする
　− ブドウ株の寿命を永らえる。樹の病気や他のあらゆる衰えが広がることを抑える

　これらの目標はときとして相反して現れることがあります。現在、実践されているところのギュイヨ剪定（長梢剪定の一つで、長梢の結果母枝と短梢から成り立つ）は、まず第一に収量の調節やミクロ・クリマの改善、そして（または）生産コストを抑えることを目標に作業速度を上げることを目的としています。ブドウ株の早過ぎる老化の制御はほとんど考慮されませんでした。もっと悪いことに、剪定者の大多数は剪定がその早過ぎる老化を引き起こすというインパクトについて考えてもいませんでした。しかしながら、初歩的ないくつかの規則を守ることで、おそらく現状を顕著に改善できるでしょう。とりわけ、ブドウ樹の木部の病気に関しては。

　これは少しも新しいことではありません。19世紀の終わり、フィロキセラが出現した少し後に剪定のやり方に明らかな変化がありました。というのも、接ぎ木された苗木を使ってのフランスのブドウ畑への再移植は、ブドウ株の樹勢を向上させることができました。その当時、垣根方式で枝をはわせることが発展し、同様にギュイヨ剪定方式も増えました。最初のブドウ樹の衰弱問題が間もなくして起こり、ある人々、例えばデゼイメリス（1891）は剪定が原因の一端ではないかと疑いました。ほかには、例えばプサール（1921）は同様に剪定のやり方が問題であるとして、ブドウ樹への打撃がより少なくなるようにギュイヨ剪定方式にいくつかの修正を提案しました。それらの修正は第二次世界大戦までは非常に多くの人々に重んじられてきましたが、それ以降、とりわけ1960年代以降は大半の剪定者に次第に忘れられていきました。

　木部の病気の爆発的広がりと化学的療法の解決策がないということが、私たちに問題の本質を再考させ、剪定や接ぎ木済み苗木といった農学的側面に強い関心を持って取り組ませようとしています。それがこの教則本の目的の一つで、この本の中では同様に治療的防除の解決策を提案しており、これにより病気になったブドウ株の抜根といった最終的な解決策をできるだけ抑えようとしています。

1章　ブドウ樹の形態学および機能

　剪定に入る前に、いくつかの基礎的重要原則を知る必要がある。実際にはそれらの基本原理はしばしば知らないうちに守られている。

1　ブドウの株の説明図

1. Systéme ae aérien 　　：地上部システム。主幹・枝・葉など植物の地上部
2. Systéme racinaire 　　：地下部 システム。根圏。根を主体とした植物の地下部
3. Tronc, Coque 　　　　：トロン、コック。主幹
4. Baguette 　　　　　　：バゲット。長梢。長梢の結果母枝
5. Courson 　　　　　　：クルソン。短梢（予備枝という人もいる）
6. Sarment 　　　　　　：サルマン。新梢／枝
7. Entre-cœur 　　　　　：アントゥル・クール。副梢。新梢から出た枝
8. Double bourre 　　　　：芽の中には主芽のほか副芽が複数存在し、それが発芽したもの
9. Gourmand 　　　　　：グルマン。不定芽。台木または2年枝以上の枝から出た芽
10. Bourrelet de greffage ：接ぎ木こぶ
11. Porte-greffe 　　　　：台木。通常はアメリカ品種と欧州種との交配で生まれたもの
12. Rejet du porte-greffe ：台木から伸びた枝
13. Talon 　　　　　　　：タロン。地際部。台木の地面と接する部分

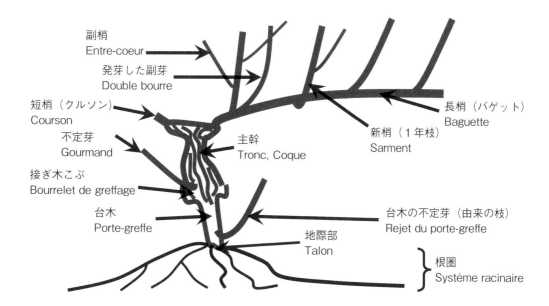

2　ブドウの枝の説明図

1. Nœud：ヌ。節
2. Entre-nœud：アントゥル・ヌ。節間。節と節の間の部分
3. Écorce：エコルス。樹皮
4. Bois：ボワ。維管束
5. Moelle：モエル。髄
6. Diaphragme：ディアフラグム。節壁

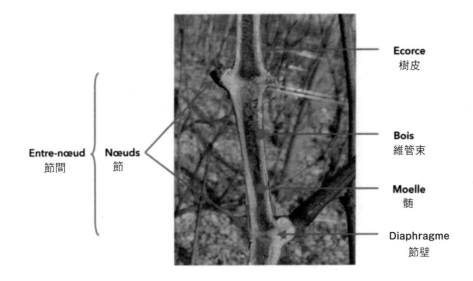

樹皮は枝の皮膚といっていいだろう。それは水を透さず（植物が枝の部分から水分を失うのを防ぐ）カビやバクテリアのような寄食者からの攻撃によく耐える。

髄は若枝が青いうちは生きた細胞から構成されており、枝の木化が始まるとその細胞は死ぬ。その穴の開いた部分は、かなり強く曲げても折れることのない柔軟性を枝に与えている。この髄の部分は節のところで diaphragme（ディアフラグム：節壁）によって分断されている。

維管束は図の緑色の部分。いくつもの層になった組織でできている：枝に強度を与える木部繊維（リニン、セルロース）、樹液を運ぶ脈管、分裂機能のある柔組織のゾーンなどである。樹液は維管束と節壁の中のみを流れる。

3　ブドウの芽の説明図

　1. Yeux Francs：ジゥ フラン。定芽

　2. Yeux de la couronne：ジゥ ドゥ ラ クロンヌ。陰芽

　3. Bourillon：ブリヨン。基底芽

定芽 *Yeux Francs*

落葉の傷痕 *Cicatrices foliaires*

基底芽 *Bourillon*

陰芽 *Yeux de la couronne*

新梢の上には二つのタイプの芽が存在する。

- 定芽：1番目の定芽は baguette（長梢）が出たところから最初の芽。そのすぐ下には葉が落ちた後の傷跡がある

- 陰芽：これらの芽は新梢がバゲットに接着している付け根のところにある。たくさんついており、そのうちの二つはよく目立つようについている。1番目の定芽の反対側についている陰芽は特に bourillon（ブリヨン：基底芽）と呼ばれる

　バゲット（長梢）上で、陰芽が発芽することは非常に稀である。枝がより短く剪定され定芽を失うと陰芽の発芽する可能性が高まる[*1]。クルソン（短梢）上においては、通常2個の発芽がある。よって、二つの定芽のついたクルソン上では滅多に発芽しない。一つの定芽のついたクルソンでは基底芽がしばしば発芽する[*2]。この事象はブドウ樹の樹勢と品種によっても違ってくる。

　　（＊1、＊2 枝についた芽は、下方の芽の発芽を抑制するホルモンを出す。よって上方の芽を摘芽すると、下方の芽が発芽しやすくなる。この影響は特に同じ側の芽に強く影響する）

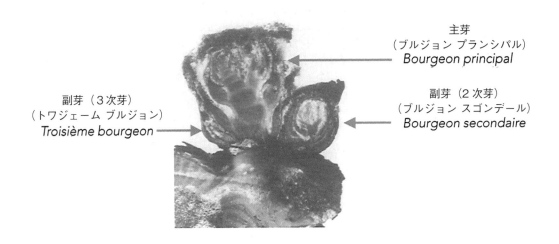

主芽
（ブルジョン プランシパル）
Bourgeon principal

副芽（３次芽）
（トワジェーム ブルジョン）
Troisième bourgeon

副芽（２次芽）
（ブルジョン スゴンデール）
Bourgeon secondaire

Photo issue de «Biologie et écologie de la vigne» de Pierre Huglin
写真は「ブドウ樹の生物学と生態学」ピエール・ユグランより

　副芽の発芽はある年にしか起こらず、原則的に樹勢が強い樹に生じる。副芽の３次芽は最初の二つの芽が破損したり霜にやられたときを除けば、発芽することは非常に稀である。

4　芽の豊穣性

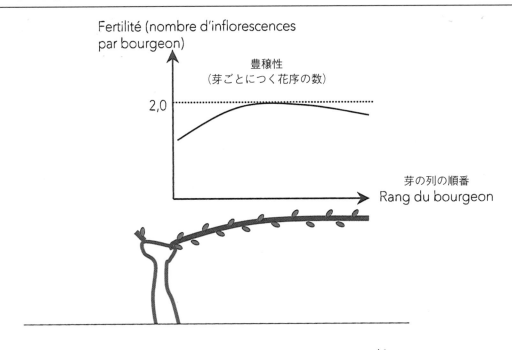

Fertilité (nombre d'inflorescences par bourgeon)

豊穣性
（芽ごとにつく花序の数）

2,0

芽の列の順番
Rang du bourgeon

　長梢による剪定においては、バゲットの１番目の芽は、その次の芽[*1]に比べるとより小さく少ない数の房しかつくらない。このことは品種によってもばらつきがある。よって、剪定のシステムは房の数や大きさに影響し、さらに（葉や枝の）密集度や緻密性、ブドウの衛生状

態にまで影響する。それゆえに、短梢による剪定（コルドン・ロワイヤやゴブレ）はギュイ
ヨに比べ収穫高を制限*2することができる。

（＊1　バケットの付け根から数えて1番目）

（＊2　フランスではよりよい品質のブドウをつくるため収量を抑える。よって樹勢の強い、ブ
ドウをたくさんつける性格の樹は、短梢剪定のコルドンにして収量を抑える）

5　ブドウ樹はつる植物

　剪定をしないと、ブドウの枝は幹の元から瞬く間に伸びてしまい、数十 m にわたって広
がってしまう。この特性のために、ブドウの樹は幹から一番離れた芽の発達を促すようになっ
ている（アクロトニー現象）。バケットも長くなれば、元近くの芽は発芽しないだろう。

　このように徒長するのを防ぐために十分短く剪定することが必要となる。このようにして
元近くの新梢が発芽可能となる。もし、バケットがその樹勢から非常に長いまま残されると、
一番最初の芽は発芽しない。ブドウの樹の徒長を防ぐために、バケットの長さを管理するこ
とが必要である。もう一つの解決法は、翌年に幹に近いところに枝をつけられるように一つ
か二つのクルソンを残すことである。この二つの方法は、簡単な点と確かなところから最も
好ましい方法である。
　ある地方においては、バケットを弓のように折り曲げることが行われている。この弓の形
状は、多かれ少なかれ強調されているが、（先端に行こうとする樹液の流れを緩め）バケット
の元近くの新梢の好ましい発育を可能にする。

　一つ、また二つのバケットは、当年の十分な収穫を可能にさせる。
　一つ、また二つのクルソンは、ブドウの樹の型づくりと伸び過ぎを避けることを可能にさ
　　　せる。

6　樹液の流れ

植物には二つのタイプの脈管が存在する。
- 根が吸い上げた水分を主体とした樹液が流れる脈管システム。クシレム（木部）*1という。
　この流れは原則として上昇性で、根が吸い上げた水分やミネラルを他の組織へと運ぶ
- 生成樹液が流れる脈管システム。フロエム（師部）*2と呼ばれる。この流れは原則として
　下降性で、葉で生成された糖分などを他の組織に運ぶ役割をする

この二つのタイプの脈管の間には、cambium（キャンビアム：形成層と分裂組織）と呼ばれる分化していない細胞の層がある。この層が毎年、道管をつくっている。5年経った幹では五つの木部の輪ができる。この輪によって我々は樹の年齢[*3]を知ることができる。

　ブドウの樹の本来の構造はもちろんのこともっと複雑である。ここでは明確さのために簡潔に表現した。

（＊1　木部：根から茎・葉へと水と無機養分を運ぶ役目をする組織で、管状要素である道管と仮道管、さらには木部柔細胞、支持組織として働く木部繊維からなる。本書の中で繰り返し「木部」という語が出てくるが、この水の通道を主要な役目とする複合組織を指す）

（＊2　師部：葉でつくられた糖・有機酸・アミノ酸などを茎や根まで運ぶ役目をする組織。養分の通道に直接携わる細胞が師要素で、師細胞と管状要素である師管細胞がある。このほか養分の貯蔵や支持機能のある師部柔組織、師部繊維、伴組織からなる）

（＊3　道管の側面の膜は木質化しているので、毎年成長するたびに年輪ができる）

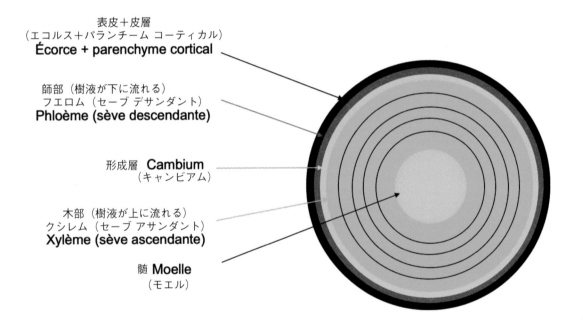

表皮＋皮層
（エコルス＋パランチーム コーティカル）
Écorce + parenchyme cortical

師部（樹液が下に流れる）
フエロム（セーブ デサンダント）
Phloème (sève descendante)

形成層 **Cambium**
（キャンビアム）

木部（樹液が上に流れる）
クシレム（セーブ アサンダント）
Xylème (sève ascendante)

髄 **Moelle**
（モエル）

　上図において、土から吸い上げた水とミネラルを運ぶ道管（緑の部分）が5本見える。ときに、この大部分の水分は外側の層（今年できたもの）を流れる。内側の層は、水の強い需要が生じたときにのみ働く。よって、大部分の樹液の流れは樹皮から数mmのところで行われていることになる。これら道管は、ブドウの樹の幹の周りの樹皮の下に挿し込まれた水まき用のチューブに例えられる。幹の中央部はあまり機能的な部分ではないが、栄養分の貯蔵という点においては、大変大きな役割を担っている。

7　幹への枝のつき方

　幹の上には、次の図の"年 n"のようにたくさんの芽が存在する。ある芽が発芽すると、その芽は成長期間中において主となる枝を伸ばす。その同じ期間に幹も分裂組織の働きで太さを増し、芽から発した枝の成長の元は覆われる（図：年 n+1）。次いで、毎年、幹は分裂組織の働きで太さを増していく。芽から発した枝も分裂組織を持っているので、同様に毎年太さを増していく（図：年 n+2 および n+3）。最終的に、枝も自身で樹液の運搬の脈管システムを持つようになるが、幹に付着した部分に限定されている。枝が年を経るにつけ、幹はよりそれを覆うようになり、枝の維管束[*]システムは幹の中により深く埋め込まれることとなる。

（＊ 植物体の組織の一つで道管・師管の集まり。水分や養分の通路となる）

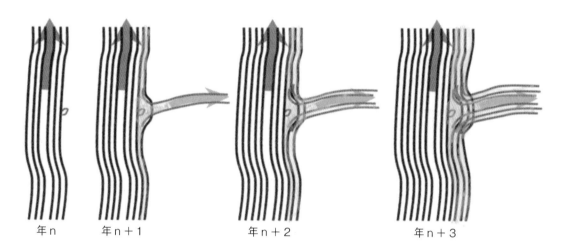

| 年 n | 年 n＋1 | 年 n＋2 | 年 n＋3 |

　ブドウ株の幹の水や養分の通る脈管はこうして枝を取り込むようになり、枝の両側を通ることとなる。

　樹液は生い茂った葉によってつくられた吸引現象により、脈管の中を上昇する。枝も自身の吸引現象を持っている。樹液はこのようにして吸引現象[*]のおかげで幹の脈管から枝の脈管へと流れていく。

（＊ 樹液の木部内輸送の力の大元は蒸散である。植物の体内の水分が葉から蒸発することで、葉の木部の水ポテンシャルは強力な陰圧となる。水が引っ張られる力は蒸散による圧力勾配から生まれ、蒸散牽引と呼ばれている。蒸散牽引の力は根まで伝わって、根でも水を引っ張り、水は植物体内を上昇していく）

2章　剪定の基本要件

　たくさんの要因がブドウの品質に影響を及ぼしている。樹勢、栄養摂取、衛生状態、房の通気……それらの要件はまた、お互いに結びついている。剪定は、それらたくさんの要件に直接的また間接的に影響を及ぼしている。よって、剪定は高品質のブドウをつくるうえで欠かせない一つの行為であるといえる。

1　ブドウの株への負荷

　株に残す芽の数を株への「負荷」と呼ぶ。この数は、それぞれの原産地呼称統制制度における製造指示要件に基づく。

　負荷をきちんと管理するためには、残された芽の数を正しく把握することが大事だ。定芽の数のみが対象となる。陰芽はある場合には発芽するが、ここでは芽の数の中に勘定しない。

　　　　　（＊フランスでは各生産地ごとに、一株につけてよい芽の数ばかりでなく、使って良い品種、仕
　　　　　立ての型、植樹密度、1ha当たりの収量などを規定する製造規定がある）

2　ブドウの樹の樹勢（活力）

　ある株、または畑の樹勢は、その株または畑がつくり出した木の量（新梢のkg数）に対応する。この量は剪定作業の際に切り捨てられた枝の量を、20株相当分測ることによって得られるだろう。もう少し早くするなら、下にあげたいくつかの要素を考慮することによって見積もることができるだろう。

- 新梢の平均的重さ
- 新梢の数と太さ（それらが大きいほど樹勢は強い）
- 副梢の数と長さ
- 節と節との間の長さ（考慮するがそれほど重要ではない）
- 夏の間の樹の状況も考慮すべき要件の一つ（葉の大きさ、葉の色、病気への感受性……）

　剪定は、残された芽の数を介して伸びる新梢の樹勢に影響を与えている。その数が多いと、それぞれの枝の活力は弱まる傾向にある。逆に少ない芽の数は、残された枝の生育を増進させる。

樹勢の強いブドウの樹：副梢がたくさん発育している。また、主幹からも不定芽が多数出ている

樹勢の強い樹では、芽の数による負荷を大きくすることで新梢が育ち過ぎるのを防ぐ。

樹勢の弱い樹では、芽の数を少なくすることで残された新梢の発育を可能にする。

3　安定した生産を保証するために

ブドウの生産は、なにはともあれ前年の秋に蓄えられた貯蔵物質に依存する。

次の二つの局面が、ブドウの生産を決定づける。

- 年 n-1 において：花芽形成が開花の少し前に起こる。それは天候状況（太陽の照射と温度）と、同じく株の樹勢に依存する。もし条件が揃っていたならば、翌年の年 n におけるブドウの生産は大きくなる[*1]
- 年 n において：花房になっていく組織の細胞分裂は芽が膨らんできたときに起こる。それはすでにある花序につく花の形成を可能にする。細胞分裂は同様にいくつもの要因に依存する。株に蓄えられた貯蔵栄養は決定的要因である。もしそれが少ないと、それぞれの花序には少しの花しか形成されず、ブドウの生産は貧弱になる

花芽が形成された後は、開花時期の天候条件が、これも同様に、受精がよい条件で行われるための決定要因となる[*2]。

（*1　今年発芽してできる新梢は、去年（年 n-1）に芽が形成された時点ですでに6〜7節まで葉や花穂や節および節間の原基がつくられており（pré-formé）、それから先は頂芽が細胞分裂を繰り返し新たに形成されて伸びている（néo-formé）。フルーツ・ゾーンと呼ばれるブドウがなる場所は下から5〜6節までのところだから、それらの花序原基は既に年 n-1 に形成されたもの。つまり去年の天候や樹勢の条件が今年の収穫量をすでに決めているということになる）

（＊２ 年ｎ（今年）においては、平均気温とともに収量は逓増し、開花前の降雨は収量を減少させる。それに対し開花直後とベレゾンの時期の雨は果粒の重量を増加させる、という INAO の研究結果がある）

　ブドウは栽培されているのであるから、管理された量のブドウをつくることができる。負荷が大き過ぎると、ブドウの樹は果実を熟成させようと貯蔵栄養をどんどん出していく。翌年、貯蔵栄養はわずかしかなく、細胞分化で十分な量の花がつくられず、収穫量に悪影響を与えることとなる。負荷の量を間違って調整すると、ブドウ樹は不安定な生産をするようになる。ある年に大きな収穫をすると、しばしば翌年はわずかな収穫となる。

　毎年十分な量の収穫をするためには、負荷と樹勢の調整が必要である。
　地域呼称規則の生産の条件を遵守するには、しばしば十分な安定した生産をすることで足りる。

4　房の配置

　剪定は、摘芽と連携しており、房の密集を制限することができる。八つの芽を残した短いバゲットとたくさんの芽を芽かきした長いバゲットでは、新梢と房の分布が異なる。

均衡したブドウ樹：枝が上手に分布　　　　　　不均衡なブドウ樹：密集が起きている

　樹勢が十分でないときにはバゲットを長く過ぎないように注意すること。バゲット上の最初の芽の成長が損なわれ、翌年の剪定を大変複雑なものにさせる。

（＊つる植物としての性質からバゲットの付け根付近の芽は、栄養が十分に行き渡らず発育が悪いことがある。元近くから出た枝は剪定時に翌年のクルソンやバゲットにするので、この成長が損なわれると翌年の剪定が難しくなる）

3章　ブドウの株を死に至らせる要因

　剪定されなかったブドウの樹は1世紀以上を生きることができる。剪定は、株の上にたくさんの傷をつけることで、老化を加速する。ゴブレ仕立て（69ページ参照）で剪定されたブドウ樹はコルドン・ドゥ・ロワイヤより長く生きることができ、コルドン自身もギュイヨより寿命が長い（剪定が正しく行われた場合であること）。ともあれ、早過ぎる老化現象を食い止めることを目的とした技術が存在する。

1　客観的確認

　最初の状況確認は、20年以上経ったどんなブドウ株でも行える。そのような株を縦に切ってみると、かなりの量の死んだ木部のあることがわかる。それらの死んだ木部を分析すると、そこにたくさんのカビ菌を見つけることができる。

　そこで最初に発せられる疑問は、カビ菌が木部の死の原因なのだろうか、それとも、木部の死が現れた後にカビ菌が繁殖したのだろうか、ということである。

　我々の所見では、栽培上のいくつか行為が木部の死の大きな部分を占めている可能性が大きく、剪定もその中の一部を占めている。

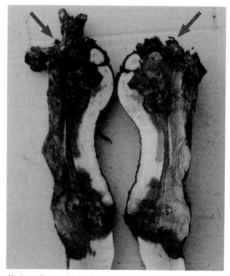

剪定の傷口（矢印）から死んだ組織（茶色部）が広がり、幹の大半が死んでいる

2　木部の死の要因

　我々は主要な三つの要因を観察した。不均衡性（一番頻繁に起きる現象）、切断の傷（乾燥して錘状に固くなる）、そして樹液の流れの逆転である。

① 剪定による不均衡性

　1章6で説明したように、樹液はその大部分が樹皮から数mm下のところを、株の周辺部全体を流れる。ある年齢（おそらく株の太さが7〜8cmに相当する）になると、株のある片側についた枝は同じ側にある道管から優先的に樹液が供給されるようになる[*]（次ページの図を参照）。

21

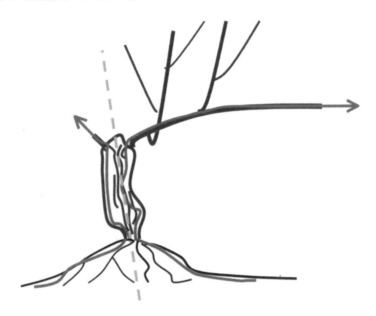

　剪定のときに、すべての樹液の吸引（バゲットとクルソン）が同じ側につくられると、その反対側はもう機能的でなくなる。そうなると道管と分裂組織への栄養補給が悪くなる。もし株のその側が傷を受けると（剪定バサミによる傷や、枝や幹を食害する昆虫、微生物……）、正常に防御することができず、木部は乾燥して最後を迎える。この現象は数年を必要とし、ときとしてブドウ樹の株の大きな部分に死をもたらす。

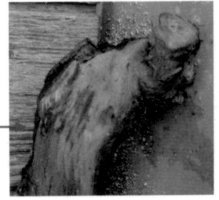

樹液が供給されていない側

ブドウ株全体

ブドウ株の縦の断面。左半分の組織が死んでいる

　上図の十数年経ったブドウ株において、バゲットは少なくとも5年前から左側から撤去されており、クルソンもグルマン（株の幹の部分から生えてくる枝）もこの側には保持されなかった。ときたま発生したグルマンも摘芽の際に取り除かれた。写真を見ると、このブドウ株の半分近い部分が損傷を受けているのがわかる。

　品種によっては異なった反応が現れる。ソービニヨンはとても敏感な品種で、接ぎ木部分まで枯れて（乾燥して）しまう。ピノノワールはより耐性がある品種で、株の基礎部分は健全性を保つ。しばしば、乾燥による枯れ込みは株の中ほど、ちょうど株の節の部分で止まる。

② 剪定による傷と、乾燥による錘状に固くなった部分

　剪定により傷ができると、ブドウ株は木部が死んで固くなった玉状の組織をつくって癒合する。これについては、次の二つの点が重要である。
- 剪定による傷の直径：直径が大きいほど、固く枯れ死する部分は深くなる
- 切り取られた脈管部分（道管）の大きさ：それが大きい（樹の樹勢が強い）ほど枯れ込む部分は大きくなる

　枝を切り取った際、もう一つ他の指標を考慮しなければならない。1章7で説明したように、枝は独自の維管束（脈管）システムを幹に付着した部分に持っている。幹の維管束システムは、枝につながる維管束の両側を通るようになっている。枝が正しく切り取られたときには（下の図における黄色い線）枝に属する維管束システムだけが枯れて、幹の中に死んだ木部の固まりが生じる。しかし、樹液は残された脈管を流れ、枯れて固まった部分の両側を通ることができる。

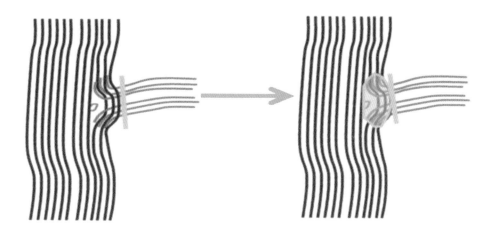

　多くの剪定者が、不定芽が発生[*]しないように深過ぎるほどに剪定する（次ページの図における黒線）。

（＊枝の付け根に基底芽や陰芽と呼ばれる芽が残っていると、翌年以降に発芽する可能性が高まる）

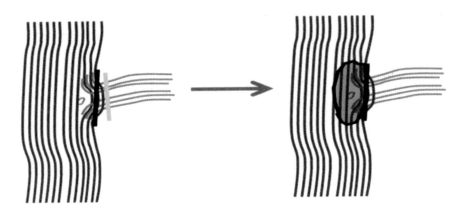

　切断が黒線に沿って行われた場合には、枝の維管束システムの両側に位置する株の幹の維管束システムも同等に切断されてしまう。これにより、枯れ込み部分はより大きくかつ深くなり、より多くのエネルギーが必要（貯蔵デンプン*への働きかけ）とされる。かつ傷つけない切り込みより樹を守る効果が薄い。

　　　（*光合成でつくられた糖分はアミドン（デンプン）のかたちで貯蔵されており、春の発芽・成長の際はこの貯蔵養分が使われる。枯れ込みが形成されるときにも多くのアミドンが消費される）

　これらのことはすべて、1970〜1980年にAlexander L. SHIGO（アレクサンダー L・シャイゴ）というアメリカの研究者によって明らかにされている。彼はCODITと呼ばれるモデルを開発し、四つのタイプの障害（壁）があり、それらが傷口が重症の場合にそれぞれの場所に形成されることを明らかにした。

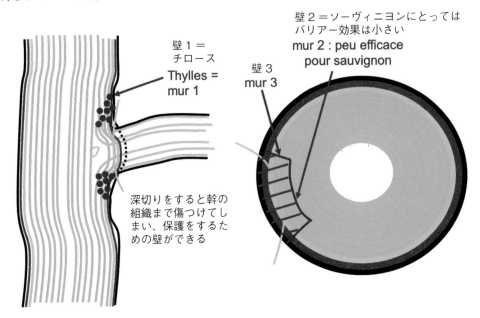

壁1＝
チロース

Thylles =
mur 1

壁2＝ソーヴィニヨンにとっては
バリアー効果は小さい
mur 2 : peu efficace
pour sauvignon

壁3
mur 3

深切りをすると幹の組織まで傷つけてしまい、保護をするための壁ができる

　壁1はチロース[*]に相当し、すべての幹の道管をふさぐような位置に形成される。壁2と3は柔組織のゾーンに相当し、そこでは生きている部分から傷の部分を隔離するためのバリアーをつくるため、アミドンが様々な物質につくり変えられている（テルペン、フェノール化合物、コルク質……）。

（＊道管の細胞壁の薄片が道管の壁孔にたくさんの小さな粒のように集まり、道管をふさぐ現象が起きる。傷ができたときに寄生菌や腐食菌の侵入に対し、バリケードの役をする。一般には、初冬に多数のチロースが発生して道管をふさぎ、樹液の流れを止め、樹は休眠に入る。翌春になるとチロースは減少し、樹液の循環はその流れを取り戻す）

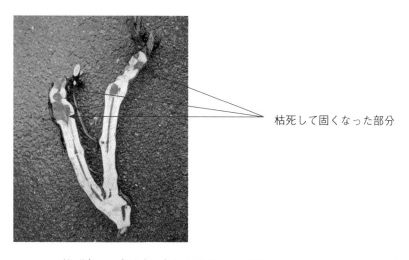

枯死して固くなった部分

　一般的にいって、（切断のような）重大な傷はその直径と同じくらいの深さの枯れ込みをつくる。ブドウの樹がとても頑健な場合には、深切りした剪定の傷は上の写真にあるように非常に大きな枯れ込みを形づくる。

　幹を両断するような傷の場合では、4番目の壁ができ、幹の中央部分すべてを死に至らしめる（中が空洞の樹のように）。この場合は、分裂組織（24ページの下の図の黄色いサーク

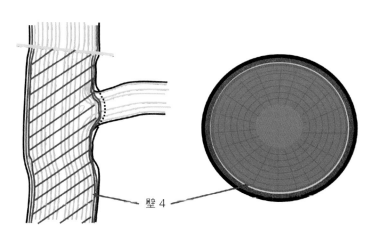

壁4

ルで表された部分）が反応して連続したバリヤーをつくっている。わずかに最後の層の道管が機能し続ける。

　深切りの剪定の傷と不均衡性の二つの要因が合わさって、ブドウ株内部の死んだ部分は非常に大きなものとなる。

③ 樹液の流れの逆転

　ブドウ株を死に至らしめる主要な要因の３番目は、樹液の流れの逆転である。

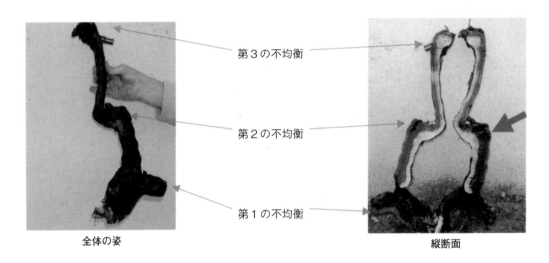

全体の姿　　　　　　　　　　　　　　　　　　縦断面

　この例を見ると、この株（30歳）は３回不均衡に見舞われている。毎回クルソンとバゲットが同じ側につくられた。これが反対側を徐々に死に至らしめた。第１の不均衡は腕の片方を丸ノコギリで切り落としたことによる。これは機械による収穫をやりやすくするため、背を高くしようとして行われた。樹の80％以上の木部が死んでしまった。３回の不均衡が同じ側に起こっているが、反対側のみで樹液の流れが保たれており、樹液の流れの逆転が起きていない。もし第２の不均衡が株の反対側で起きていたなら（太い赤の矢印のところ）、樹液の流れの逆転が起こり、おそらく樹全体が死んでいただろう。

　このことから、樹が傾き始めてきたときには（つまり不均衡が起こっている）、樹の生命は片側（樹液の流れている側）だけで保たれているのであり、よってこの側で剪定を続けなければならない。樹を立て直そうとすると、その死を早める結果となる。

④ いくつかの例

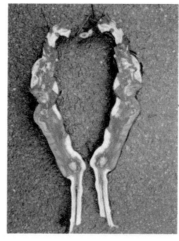

2番目の腕を落とした
ときの不均衡

　何回もの不均衡と何回もの剪定時の深切りの後、この25歳の樹株の木部の死と（それに
よって生じた）海綿状物質の量は大変なものとなっている。さらにはほんのわずかの木部し
か機能していない。夏の間の水が大量に必要なときには、この株は水を十分に供給できない。
急激な水の供給不足で、突然に葉を落とし死んでしまうだろう。

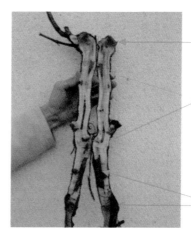

切断の傷

上部の切断の傷から灰色の
変色が広がり、組織が死に
つつある

剪定の深切りの傷

　この6歳の樹では、たくさんの剪定の深切りと植樹の1年目に起きたいくつもの大きな傷
を幹の背に負っている。それらは樹液の流れを大きく阻害している。さらには、不均衡性と
株の上部の切り落としの傷が株の中央部分の死を招いている（今のところは、灰色の帯で見
てとれる）。

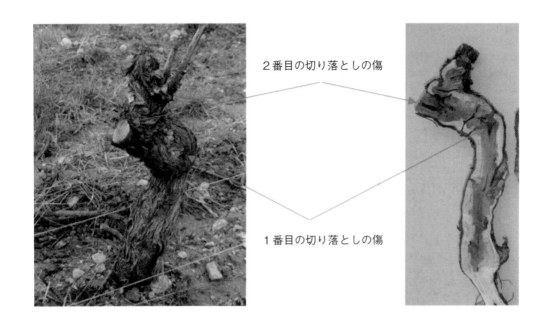

2番目の切り落としの傷

1番目の切り落としの傷

　このブドウ株は前のものと同様の拷問を受けている。最初の切断の傷は、幹の芯の部分を殺して大きな不均衡を生み出した。2番目の切断の傷は、反対側に同様の症状を引き起こしている。ブドウ株は喉を締められ、近々死ぬ運命にある。

　同様の考察をクルソンの剪定についても見ることができる。

乾燥して固くなった部分の先端は2番目の芽の下まで達し、芽の成長を阻害している

　剪定による傷がクルソン2番目の芽の非常に近いところで起こっている[*]。枯れ込みによる乾燥した部分が2番目の芽の栄養摂取を著しく損なっており、成長が激しく妨害されている。

　　　（＊ 写真では特に斜めに剪定されてクルソンがつくられたため、下の芽との距離がいっそう短くなっている。切り方に注意が必要）

3　若木への手当ての重要性

　剪定の失敗は1年目から非常に高くつく。若木に対して、すべての努力を優先的に行うべきである。

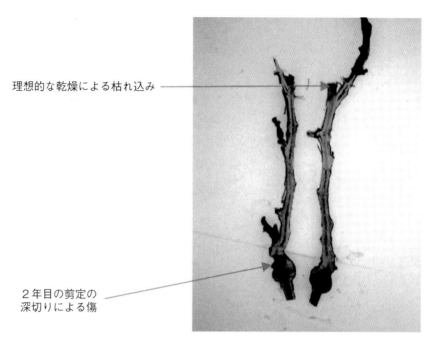

理想的な乾燥による枯れ込み

2年目の剪定の
深切りによる傷

　バゲットの上方にできた乾燥による枯れ込みの形は理想的である。

　2年目の剪定で、よりまっすぐなものが残され、(より低いところにあった) 2番目の枝が切り取られ、その際非常に深切りの傷が残された。これが株の底部に重要な組織の壊死をもたらし、最初の年の頃から樹液の流れをひどく阻害している。2年目に起きた、たった一つの小さな剪定の傷が、ブドウ株底部の重大な損傷の原因となっている。

① 不均衡の場合

　我々の観察によれば、バゲットが深切りの傷とともに取り除かれ、その側になんら樹液を引っ張るものが残されていないとなると、木部の死は2段階にわたってやってくる。

- 何週間の後に、傷の部分に乾燥による枯れ込みが現れる
- 次いで、この剪定の傷のすぐ下の部分が数年のうちに徐々に死んで行く

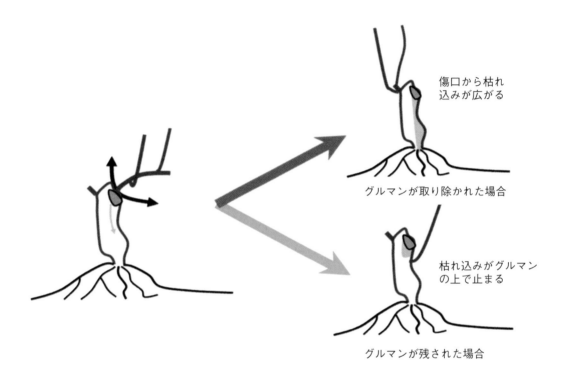

傷口から枯れ込みが広がる

グルマンが取り除かれた場合

枯れ込みがグルマンの上で止まる

グルマンが残された場合

　もしバゲットの剪定の傷のすぐ下にグルマンが残されていたなら、壊死の進行は大きくブレーキがかかる。[*]

（＊ギュイヨ仕立ての一番の欠点は、毎年バゲットを切り落とす傷をつくることである。この傷からの枯れ込みの広がりを防ぐには、バゲットの下にクルソンをつくっておくことで、樹液の流れを絶えさせないことである。SICAVAC が推奨するギュイヨ・プサールは両側にクルソンをつくるので樹液の流れが保たれる）

② たくさんの深切りの傷の場合

　それぞれの剪定の深切りのところに、乾燥の枯れ込みが株の中に現れる。それぞれの枯れ込みは、株の中心から底部に向けて進行していく傾向がある。反対側の傷からのものと中心部分で出会う。それらの傷が互いに隣接（二つの傷の間が2cmもない）しているときは、間の部分も死んでしまう。

　そして最後には、もしたくさんの傷が株のあちこちにつくられたなら、株の芯の部分は死んでしまい、株の幹の周りに薄い木部の帯のようなものしか残らなくなる。しかも、その帯は剪定のたくさんの傷で一定の間隔を置いて中断されている（下の図と写真を参照）。

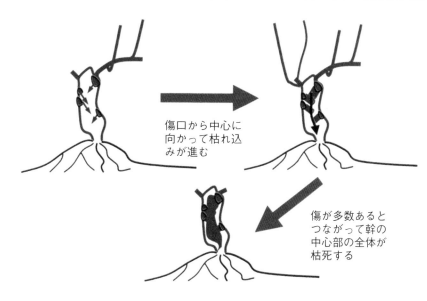

傷口から中心に向かって枯れ込みが進む

傷が多数あるとつながって幹の中心部の全体が枯死する

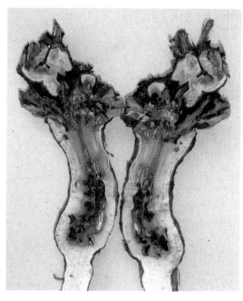

5 樹の病気についての理論

　数年前よりずっと、樹の病気は一連のカビ菌の集団によるものとされている。それらのカビ菌類は（多かれ少なかれ剪定の傷から）ブドウ株の内部に入り込み、樹の一部に死をもたらす。樹の死を引き起こすことに加えて、毒素を分泌してブドウ株の死を早める。

　ところが数年来、別の考えが起こっている。とりわけボルドーとスイスにおいてであるが、その考えはそれら病気におけるカビ菌の重要性を相対的に捉え、ブドウ株の抵抗力のメカニズムに疑問を投げかけている。前のページにおける詳細な観察から、同様に我々もそれらの病気をはっきりと違った理論で説明しようとこころみた。樹の病気のようなもののほとんどが、最初はカビ菌が原因ではなく、乾燥による枯れ込みとそれによる樹液の流れの障害が原因で起きている。

　乾燥による枯れ込みは、剪定の深切りや大き過ぎる傷が原因で起きる。ブドウ株の体への直接的な損傷も同様であるが、特に器具類によるもの（例えばトラクターによる傷）が原因となる。樹液の流れの障害は、主として剪定のときに生じた不均衡に関連する。樹液の流れの反転や乾燥による枯れ込みなどである。接ぎ木の際の悪い合着は事態を悪化させる要因で、最初の不均衡をもたらす。

　剪定の傷と樹液の流れの障害は、同じ事態を引き起こす。つまり、ブドウ株の内部で木部の死が生じる。枯れ死んだ部分は、植物がつくり貯蔵しているアミドンを異なった合成物（テルペン類、フェノール化合物、コルク質など）に加工してつくられたバリアーによって隔離される。このメカニズムはたくさんのエネルギーを必要とし、植物の貯蔵栄養を枯渇させる。
　樹液を伝導する脈管の重要な部分が損傷すると、もう一つの別の状況が起こる。つまり十分な樹液の流量を保つために、残った脈管を流れる樹液の量が増える。すると液体と脈管の壁との摩擦が増えて圧力が高まる。この状況は脈管の中に空気の粒を生じさせ（キャビテーション）、空気の粒は樹液の流れに強いブレーキをかけ気体状の栓をつくる。結果は、一つあるいはいくつもの脈管の樹液の流れの急激な断絶を生み、それは樹液が循環するすべての脈管に広がる。この現象は、それを抑えようとする植物がいっそう貯蔵栄養物を使い果たすことになり、激しく植物を衰弱させる。

　これらすべてのことは、貯蔵栄養物の減少を引き起こす要因が、樹の病気の発現リスクを高めることを意味する。それら要因は、およそ次のようになる。
- 太い幹の切断のような剪定時の傷、あるいは不均衡性（前出の文章）
- 不均衡な樹勢、樹勢が過剰または弱過ぎると貯蔵栄養物の不足を招く

- 栄養素欠如、主に窒素とカリウムであるが、土壌がそれらを保持することをブロックされているか、不適切な施肥[*1]
- 過剰なほどの収穫高

この理論に沿うと、シャンピニオン（カビ／カビ菌）はかなりの量の木部の死が発生した後に、わずかな時を置いて都合よく発達する腐生菌にすぎない。

エスカ[*2]とBDA（ブラック・デッド・アーム[*3]）を区別するよりも、胴枯れ病的症状（突然死のように急に倒れる）とゆっくり進行する症状に分けて考えるのが道理に合っていると我々は考えている。突然死的な症状は、おそらく株全体や腕の部分の樹液の行程すべてが突然に損傷されたことによるものである。その損傷は間違いなく気体（ガス）の塞栓の広がりによるもので、それ自体が非常に大きな数の樹液を運ぶ脈管の損傷で、それはとりわけ剪定によるものである。

進行の遅い病状は、おそらく傷口の海綿状物質の中のカビ菌のつくる毒素に関連して生じたブドウ株の反応によるものだろう。我々の観察のいくつかは、同じ量の海綿状物質において、それらの反応はブドウ品種によって多少の違いはあるが有害であるという点で一致している。

有害であるカビ菌は、死んだ有機物の分解という自然界のサイクルに帰属する腐生菌ということになるだろう。[*4]カビの発生は木部の死の第一の原因ではなく、それは植物の衰弱と、ほどなく現れる最初の木部の死の発現の結果である。カビ菌の影響は急激な死が訪れる型については多いに議論されうるものの、ゆっくりと進行する病気の発現においても、その影響は否定できない。

もちろん、これらはすべて仮説に基づいており、有効性を認められるにはさらなる研究が必要である。しかしながら、この理論によってもたらされたいくつかの反応の一貫性は、多くの手段（資金・知力）がこの方向性で働く研究機関に配分されるだけの価値があるだろう。

（＊1 土壌を構成する粘土や腐食土はマイナスに荷電しており、陽イオンであるカリウム（K^+）、カルシウム（Ca^{2+}）、マグネシウム（Mg^{2+}）、アンモニウム（NH_4^+）などを引きつけ保持する。この容量が大きいほど養分の保持力が大きいといわれ、CEC:Cartion Exchasnge capacity 陽イオン交換容量で表される。土壌が酸性になる（H^+イオンが増える ＝ pH が低い）と、土壌は植物の栄養となる陽イオンを保持する力が弱まる）

（＊2 エスカ：ESCA は複数のカビ菌類（Phaeomoniella chlamydospora、Phaeoacremonium minimum や Eutypa lata をはじめその他の担子菌類）によるブドウ樹の木部の病気で、剪定の

傷などから入り込み、木部から幹の中心部を海綿状の物質に変え壊死させる。徐々に樹を弱らせる場合と、夏の暑い日などに水分の吸収ができずに一気に樹が枯れ死する場合がある。治療する農薬（殺菌）などがなく、罹患すると抜根して破棄するしかないといわれてきた。フランスでは最も深刻な病気の一つ）

（＊3 BDA(Black dead Arm) はエスカ同様にブドウ樹の木部の病気で、症状も似ていることからよくエスカと間違われる。この原因となる菌は Diplodia seriata, Neofusicoccum parvum や Diplodia mutila 。エスカは木部の中心から全体に壊死が広がるが、BDA は部分的に（扇状に）壊死部分が現れる）

（＊4 死んで腐った組織を栄養源とする菌。灰カビ病の原因菌の Botrytis Cinerea はこれに属する。これに対し、べと病の原因菌の Plasmopara viticola は生きている細胞に寄生するので腐生菌ではない）

剪定の基本と実践マニュアル

Partie Pratique

4章　ブドウの株の寿命を延ばすには

　先の章では、ブドウ株の早過ぎる老化現象について注目した。この傾向を覆すには、次に
述べる要件を実現させなければならない。

1　剪定を均衡させる

　ブドウ株における枝の発育を組織的にうまく配分させなければならない。理想的には、バ
ゲットの反対側にクルソンを取らなければならない。したがって、ブドウ株に二つのクルソ
ンをつくるのも不条理ではない、特により年数を経た樹には。その場合には、新梢の密集を
避けるために、バゲット上の芽でクルソンの位置のところのものを落として、窓をつくるこ
とができる（剪定のときの摘芽や春の芽かき）。

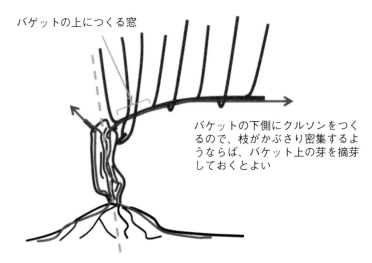

バゲットの上につくる窓

バゲットの下側にクルソンをつく
るので、枝がかぶさり密集するよ
うならば、バゲット上の芽を摘芽
しておくとよい

　最近において不均衡になったブドウ株の均衡は立て直すことができる。そのためには、樹
液が供給されなくなった側のグルマン（幹に発生した不定芽が発芽した枝）を保存し、次の
冬にそれをクルソンにすることだ。このかぎりにおいて、摘芽は剪定の補完的作業であり、
株の均衡を確保するために非常に重要である。グルマンがない場合には接ぎ芽（T-Bud）を
つくることも考えられる。

2　幹の一部を切り取るような傷を避ける

①　1年目（当年に生えた）の木
　グルマンを切断するときに、ホゾ（chicot）を残す必要はない。ホゾを残すと陰芽が保持

され、翌春に一つか二つの発芽を促し、ムダ芽かきに大変な時間を要することとなる。よって、すり切りに剪定しなければならないが、樹の幹をえぐるように切ってはならない。それは枝の付け根部分を取り除いてしまうことになる。その部分は幹の組織の一部で、傷口の癒合を促す部分である。

枝の付け根部分

1の場合：長過ぎる剪定。1〜2個の陰芽が発芽して、芽かきに時間を要する。

2の場合：正しい剪定。剪定バサミの切り刃を残すほう（幹側）に当てるようにして無理をしないで切る。切断面は陰芽のところを通り、ちょうど枝の付け根の上に沿っている。それらの芽は発芽することなく乾燥して落ちる。付け根部分は保存され傷口の癒合を促し、乾燥による枯れ込みの深さを制限する。

3の場合：付け根部分を取り除いてしまうような行き過ぎた深切り。傷口の癒合がより難しく、幹の脈管部分が切断されて瘢痕の枯れ込みが奥深く形成される。

1年目の木は、付け根部分のすぐ上で切らなければならない。

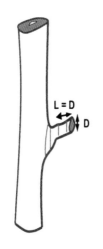

② 2年目以降の木

　理想をいえば、幹と枝との境のところを切るのだが、その切り口の部分が（乾燥や病気に）冒されず、障害なく成長を続けることができるようにすることである。問題は、その境目がブドウの樹では見分けるのが難しいことだ。

　そこで、切り口の直径と同じ長さのホゾを残すことが好ましい。

それらホゾの切り株は、1〜2年の後に乾燥したら切り落としてよい。その際には、乾燥して死んだ木部と、生きている部分の境目はとても鮮明に姿を現す。

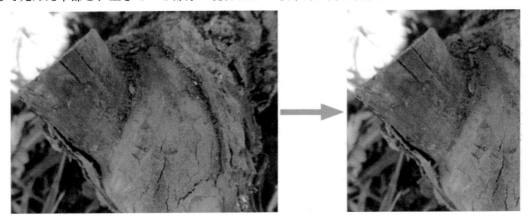

　その際には、あまりホゾを長く残さないよう注意することだ。なぜなら、翌年以降にたくさんのグルマンが発芽することがあるからだ。例えばバゲットの上では、最初の節の前のところで切らなければならない（下の写真における赤い矢印）。あるいは、よりよいのは節の節壁を残すように節のところで切ることだ。

節にはたくさんの陰芽が残っている

バゲットと長過ぎる切り株
グルマンが残された節から再び出てくることがある（赤い矢印）

バゲットと正しい長さの切り株。節のところで切り、節壁を残した

　新しいバゲットのすぐ上にある古いバゲットを、節の隔壁部分を保存するように節のところで切断するのは意味のあることといえよう。

③ 主な枝の切断

　品種の切り替えやブドウの樹の主枝の形を立て直す際には、しばしば何年も経った直径も大きい木部を切り落とさなければならないことがある。この場合には、第４の壁の反応を引き起こすリスクがあり（３章２②）、ブドウ株の芯の部分全体を殺しかねない。この反応を防ぐには、新しい幹あるいは新しい枝が十分な太さに達するのを待たなければならない。それは、少なくとも切り落とす枝の３分の１の太さに相当する。

下方から出たグルマンが細いうちに株を切り落とすと、枯れ込みが株全体に広がる

壁４の形成
Mise en place du
mur 4

　もしD＞3d、つまり下位のクルソンの径（d）の３倍がまだ幹の径より小さいと、第４の壁ができて切った反対側が死んでしまう。

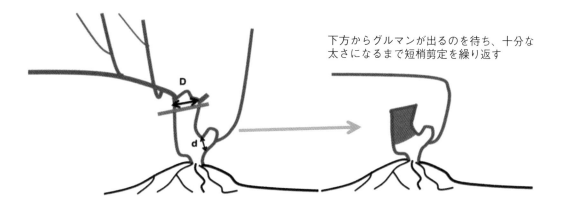

下方からグルマンが出るのを待ち、十分な太さになるまで短梢剪定を繰り返す

　もしD＜3dだと、ホゾの部分のみ乾燥する。この図の場合には、切り株の直径の少なくとも２倍の太さとなっている。一般的に、新しい株が正しい太さに成長するのに２～３年で十分といわれている。ホゾ部分は数年後にその部分が乾燥したら切り落としてよい。

5章　シングル・ギュイヨの剪定

　最初の数年間に起こされた傷が、非常に大きな、かつブドウ株の寿命に取り返しのつかないインパクトを与える。それゆえ、最初の形づくり（剪定[*]）には細心の注意が必要である。

（＊ フランス語名のギュイヨ・サンプル〈長梢の結果母枝であるバゲットを１本持った仕立て〉の表記は、わかりやすくするため英語名のシングル・ギュイヨとした）

1　1年目の剪定

① 摘芽

　最初の年から、１本か２本の枝しか残さないようにブドウの樹を摘芽することが有益と思われる。こうすれば、最初の剪定のときに将来のブドウ株に剪定の傷を残さないで済む。そのためには、２回にわたり摘芽を行わねばならない。１回目は樹が５～８cm ぐらいに成長したかなり早い時期、２回目はそれから約３週間後で１本あるいは２本の残された枝が、できればだが（支柱に）くくりつけられたとき。この作業には一切危険は伴わない。ほとんどの地方また大多数の品種において、最初の数年は枝はとても柔軟で壊れることは稀だからだ。

芽かきが行われなかった株：
多くの発芽があり、主幹部に
多くの剪定の傷ができる

芽かきが正しく行われた株：
主幹部に傷が一つもできない

② 負荷量

　一番最初の剪定から、新梢上に残される芽の数は、ブドウの樹の樹勢によって決まる。あまり実をつくらないブドウ株においては、一つの簡単な規則が守られなければならない。

- 若いブドウ畑においては、各ブドウ株は毎年において去年の枝の数より、３倍の枝をつくることができる

・補植の場合は、おのおののブドウ株は前年の枝の数より最大2倍の数の枝をつくれる。よって、それらのブドウ株は若い畑における場合と比べ、より短く剪定しなければならない

新たな植樹の場合には、もし発生した枝の一番先端の芽までの距離が40cm以上伸びて茎の径も太ければ、樹勢が強過ぎるので3〜4個の芽を最初の年から残さなければならない。

これとは逆に、もしブドウ株の樹勢が弱いか中くらいならば、たくさんの芽を残すことは避けなければならない。さもないとブドウ株はたちどころに変形し始めるからだ。

樹勢が普通の場合2芽残して
剪定（剪定バサミを少し超える）

樹勢が強い場合3芽残す
（剪定ハサミの2倍強）

樹勢が強過ぎるとき4芽残す
（剪定ハサミの3倍強）

③ 剪定

もしブドウの樹が摘芽されていなかったら、一番まっすぐな枝を選んで残すか、枝についている最初の芽がまっすぐにブドウ株の幹の軸に沿ってついている枝を残す。こうすることにより、将来の幹に、下の写真にあるような、また図の（赤い矢印）ような樹液の流れを妨げる折り目がつくことを防げる。

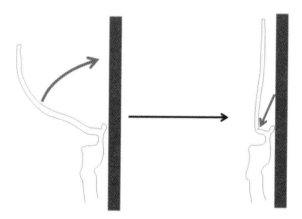

　この写真の１年目の樹は二つの解決法がありそうで、それぞれ二つの芽を持った枝を残すことができ、それらの最初の芽はブドウ株の軸に沿って枝を伸ばすだろう（最初の芽から伸びる枝は矢印で表されている）。よって、この二つの解決策から選べばよい。

　他の枝を落とすときには、何mmかのホゾをとっておかなければならない。陰芽は取り除かれていないので、春になると発芽する枝の数が増えて摘芽を二度繰り返さなければならない。いずれにしろ、非常に重症となる剪定の傷を残すリスクがあるのでこの作業を避けることはできない。[*2]

（＊１　＊２　主幹部は何十年にわたりブドウ樹を支える。１～２年目は主幹部の形成に重要な時期で、この間は剪定の傷で内部に枯れ込みを起こさないよう特に注意する。ホゾをとるか摘芽で事前に処理することが大事である）

１年目の剪定における目標
- ブドウの樹への深切りの剪定の傷を避ける
- 樹の負荷を樹勢に対応させる
- ブドウ株をできるだけまっすぐに保つ

2　2年目の剪定

① 摘芽（芽かき）

　2年目の枝の状況は、原則として、前年の剪定の際に残された芽の数に応じて2本から数本の枝が生じる。次の年に剪定の傷をつくらないように、必要な枝以外は正しく摘芽することが欠かせない。また、樹勢が弱いときには、2年目の摘芽で一本の枝しか残さないということもありえる。

摘芽前：多数の芽から発芽している

摘芽後：2本の枝だけ残して摘芽する

② 負荷（芽の数）と剪定

　２年目の剪定においては、残された２から数本の枝の樹勢に応じて、前年と同じ規則に則って残す芽の数を設定する。ここで繰り返して述べる。

- 若いブドウ畑においては、各ブドウ株は毎年において去年の枝の数より、３倍の枝をつくることができる
- 補植の場合は、おのおののブドウ株は前年の枝の数より最大２倍の数の枝をつくれる

　よって、それらのブドウ株は若い畑における場合と比べ、より短く剪定しなければならない。

　もし樹勢が十分でないと判断したら、二つの芽だけ残す。一般的には３〜５個の芽を残す。

　樹勢が極端に強い場合は、２年目からして６〜８個の芽を残すことも躊躇してはならない。少なくとも二つの枝が７〜８mmの径があるなら、将来の幹の形成を始めることもできる。そのためには、どんな形が将来の幹に可能か知らなければならない。

　ボルドーで行われた2008年の研究で、tête de saule（テット・ドゥ・ソール：ポプラの頭*）のようにしつらえた株は、分かれた腕を持った株よりも樹の病気により敏感（弱い）であるということがわかった。つくられた腕が長いほど、ブドウ株は病気に強くなる。

　　（＊下の左図が tête de saule：欧州では街路樹に図のように剪定されたポプラ（ヤナギ科）の並木をよく見る。剪定の傷が主幹の上部に集中しており、樹液の流れがそこで滞る。右側の図は分かれた腕を持った株でダブル・ギュイヨ仕立て。樹液の流れが左右に二つあり、より好ましい）

　次ページの図において、右に行くほどブドウ株の形として好ましい。しかしながら、V字型の一番右（ケース４）の形は、ブドウ株の下の土周りの仕事をするには不便だという大きな欠点がある*。ケース２、特にケース３は一番よい妥協点のように思える。

　　（＊ フランスでは農耕作業に大型のトラクターを使うので、下部に枝が出ていると引っ掛けて破損したり、作業がしづらくなるデメリットがある。日本においては多くの生産者は大型の機械を使うことは稀なので問題ないだろう）

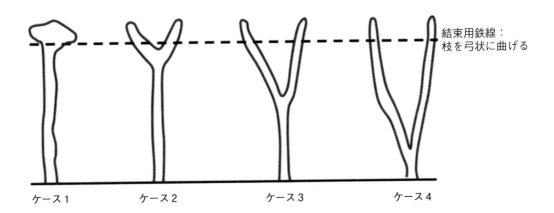

結束用鉄線：
枝を曲げて水平に

結束用鉄線：
枝を弓状に曲げる

ケース１　　　　　ケース２　　　　　ケース３　　　　　ケース４

　いったん形が決まったら。幹を形づくるのに一番ふさわしい枝を選ばなければならない。ケース４の場合は、２本の枝が取っておかれた。他の枝はすべて取り除かれたに違いない。このとき、将来の幹となる基幹部分に直接残される剪定の傷に注意しなければならない。そのためには、枝の付け根の部分を削り取らずに陰芽の上を正しく剪定するか（４章２①）、あるいはホゾを残すかする。ホゾを残すやり方は傷のリスクは限定できるが、摘芽の手間が増える。

　形が決まり、枝を選んだら、枝の下のほうの芽は取り除き、将来の腕となる枝が出るゾーンに必要な数の芽を残す（次の図を参照のこと）。

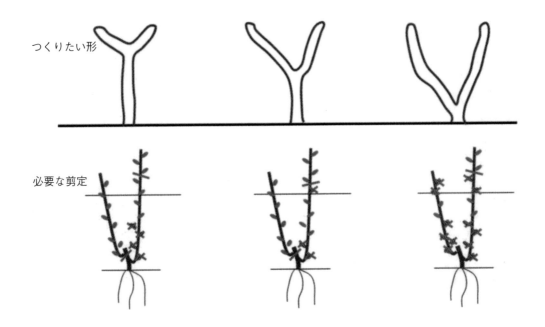

つくりたい形

必要な剪定

③ 畝の軸に沿って芽を揃える

　2年目における重要な目標の一つは、畝の列に沿って可能なかぎり芽の向きを揃えることである。そのためには、ブドウの樹のタイプにより異なったいくつかの方法を用いることができる。

　どんな場合でも、2本の枝が同じくらいよいものであったら、ついている芽の方向性が良いものを優先すべきである。樹高を低くする場合は（前ページ下の図のまん中）、残すバゲットは長めにとり、先端近くの芽は取り除いて先をワイヤー（鉄線・針金）に絡ませる。先を曲げて誘引する際に、バゲットを捻ることで、下に残した芽の向きを畝の方向に揃えることができる。[*]この方法は、特に樹勢があまり強くないときに効果的である。

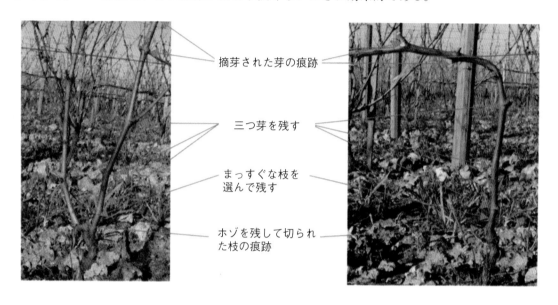

摘芽された芽の痕跡

三つ芽を残す

まっすぐな枝を
選んで残す

ホゾを残して切られ
た枝の痕跡

（＊芽の向きの揃え方は下図の通り）

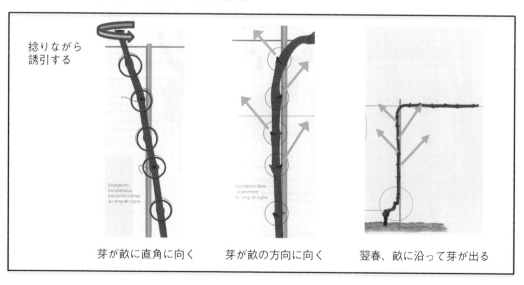

捻りながら
誘引する

bourgeons
transversaux,
perpendiculaires
au rang de vigne

bourgeons dans
alignement
du rang de vigne

芽が畝に直角に向く　　　　芽が畝の方向に向く　　　　翌春、畝に沿って芽が出る

樹高が高い木の場合は、通常支柱がそれぞれの株に立っている。残された枝は、この支柱にくくりつけられている。その枝の上の芽は支柱の各面に押しつけられている。幹の腕となる枝をつくるところでは、芽が畝の方向に沿うように支柱の正しい面に枝をくくりつけなければならない。

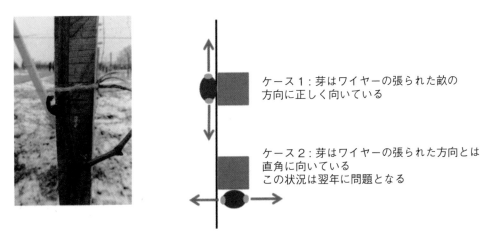

ケース１：芽はワイヤーの張られた畝の
方向に正しく向いている

ケース２：芽はワイヤーの張られた方向とは
直角に向いている
この状況は翌年に問題となる

2年目の剪定での目標
- ブドウ株に深切りの剪定傷を残さないようにする
- 樹勢によって残す芽の数を調節する
- 芽を畝の方向に揃える

3　3年目の剪定

① ケース１
　3年目の剪定はブドウ株の将来の腕を形成し、同様にブドウ株の骨格の形成を決定づけることを可能にする。伝統的な方法では、よい位置にある2本の枝が選ばれ、そのうちのより低い位置にあるものがクルソンとなり、高い位置のものがバゲットとなる。

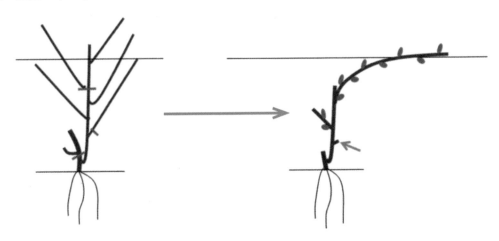

　クルソンの下方の枝を切るときは（前ページの下図のオレンジの矢印のように）、そこでできる傷は将来の幹の中心にあたるので、十分な注意が必要である。陰芽のところでていねいに切るかホゾを残すことで、発芽しないようにする。

② ケース2

　もう一つの方法があるが、それはより好ましいといえるだろう。クルソンとバゲットの位置をひっくり返すことで、クルソンをバゲットの上位につくることだ。

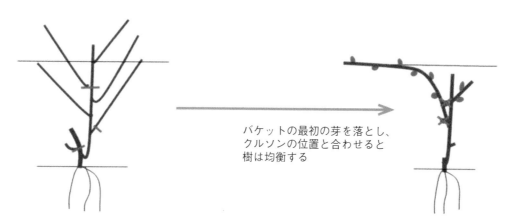

バゲットの最初の芽を落とし、
クルソンの位置と合わせると
樹は均衡する

　この方法は大きな利益をもたらす。バゲットの最初の芽を取り除くことによって、クルソンとバゲットの最初の発芽の位置が同じになる。よってブドウ株はより均衡のとれた状態になる。ケース1の場合ではクルソンとバゲットの芽の位置の差はより大きい。

　クルソンがバゲットの上にくることに驚いてはいけない。その成長にはなんら影響を及ぼさない。さらにはこの形状は、ブドウ株の背を持ち上げることの支障にはならない。実際、クルソンが上位だろうと下位だろうと、クルソンとバゲットは将来の腕となる2本の枝の出発点となるのだから。

　もちろん、クルソンがバゲットの上につくられるのはブドウの樹の生涯で最初で最後だ。

次年度からはクルソンは例外なく下位が選ばれる。

③ ケース3
3番目の解決法も有効である。一つのクルソンとバゲットを取る代わりに、二つの短めのバゲットをつくることができる。このとき、負荷を調節するためにいくつかの芽は取り除いておく。

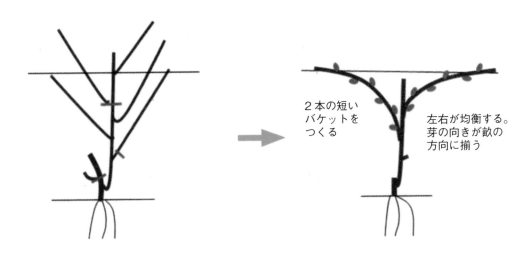

この3番目の解決法は、剪定にやや時間がかかるものの、ブドウ株の全体をきちんと畝の方向に揃えることができる。同時に、2本の腕の負荷の均衡を取ることができる。

④ 垣根の方向に芽を揃えることについて
しばしば、2年目に誘引したときには折り曲げが十分ではなく、枝が畝の向きに対し直角になっていることがある。その場合には、3年目のときに列に引き戻す作業が必要である。そうしないとブドウ株の均衡を取るのが非常に難しくなる。

列の中に引き戻すためには、1本のバゲットとクルソンを残す代わりに2本のバゲットをつくってやることが必要になる（ケース3）。ブドウの株の軸に沿って捻って立て直す。そして2本のバゲットを誘引用のワイヤーに絡めてやる。そして片方のバゲットに（クルソンを一つだけつくるために摘芽して）二つの芽だけを残す。あるいは両方のバゲットに3〜4個の芽を残す。大切なのは、芽の総数を樹勢によって調節することである。

3年目の剪定の目標

- ブドウ株に深切りの剪定傷を残さないようにする
- クルソンとバゲットを正しい高さにつくる
- クルソンと、もう片方にバゲットを取ることで、ブドウ株を均衡させる
- クルソンとバゲットを畝の方向に揃える

4　4年目の剪定

　この段階において、しばしば最初の大きな不均衡が起こる。実際に数多くの人が去年のバゲットを切り落とし、去年のクルソンから出た枝を剪定してクルソンとバゲットをつくろうと思うだろう。この場合においては、ブドウ株の片側は樹液が供給されなくなり、翌年以降に枯れ死していくリスクにみまわれる。

　これを避けるためには、樹液を引っ張る二つの力を確保することである。理想的なのは、クルソンとバゲットを交互につくることで、それぞれの側に樹液を引っ張る力を保つことである。この場合、バゲットの上位にクルソンがくることがあってもなんら問題はない。なぜなら、そのクルソンはブドウ幹の反対側であり、独自の樹液の流れを持っているからだ。

バゲット　　　　　　　　クルソン

クルソンとバゲットを主幹の反対側につくるとよい

もう少し具体的に書くと、ブドウ株が４年目ないしは５年目で不均衡になったならば、その不均衡はまだ修正可能だ。ただし剪定の傷が深切りによるものでなく、また、（切り取った）去年のバケットの上にはホゾがとってあればのことだが。実際にこのくらいの樹齢であるなら、ブドウ幹の径はまだとても小さく、キープされた側がブドウ幹全体の樹液を引っ張る力になれる。ただし、このようなケースはできることなら避けたい。そして７〜８年目となる前には、樹液が十分に供給されない側にクルソンをつくるなどして、ブドウ株を均衡にさせなければならない。

４年目の剪定の目標
・ブドウ株に深切りの剪定傷を残さないようにする
・バケットの位置を交互に取ることで、ブドウ株の均衡を保つ

5　５年目以降の剪定

　５年目以降においては、クルソンとバケットの位置を交互に変えてやるだけでいい。つまり、前のバケットのところにクルソンをつくり、前のクルソンのあったところにバケットをつくる。

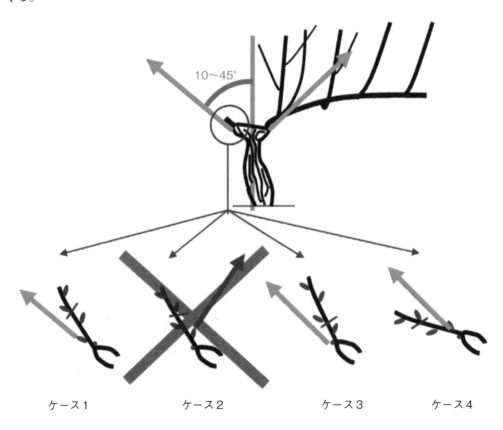

10〜45°

ケース１　　　　ケース２　　　　ケース３　　　　ケース４

同様に、二つのクルソンを（ブドウ株のそれぞれの側に）つくってもよい。

　5年目以降の剪定をやりやすくするためには、クルソンに残した芽の位置とバゲット上の1番目の芽の位置をよく考えることが重要である。実のところ、均衡を保とうと思うならば、理想的にはそれぞれの側に、ブドウ株の軸に対し10度から45度の角度での新たな芽の出発を持つことである（前ページの図を参照のこと）。

　ケース1：クルソンの芽は非常にいい位置[1]についている。このような場合は2芽だけ残して剪定する。

　ケース2：クルソンの芽が逆についている。もしこの状態で2芽残して剪定すると、最初に発芽する芽はブドウ株の内側に向かって枝を伸ばす。このような状態は望むところではない。最初の芽は取り除く[2]ことを考えなければならない。

　ケース3：クルソンの芽のつき方は逆になっている（ケース2と同様）。1芽だけ残して短く剪定すると、反対側の（通常は発芽しない）基底芽がきっと発芽する[3]だろう。これにより正しい配置を取り戻すことができる。

　ケース4：クルソンが非常に寝ている。この場合は最初の芽が上側についていることが好ましい。この選択は、このあとで説明するギュイヨ・プサールの剪定方法に通じるところがある。

（＊1　クルソンの最初の芽が下側（外側）についていることは、樹液の流れを保ちブドウ樹を永年にわたり健全に保つうえで非常に重要である）

（＊2　クルソンの最初の芽が内側についていて2芽残して剪定した場合、最初の芽を取り除くことで2番目の下側の芽を発芽させることができる）

（＊3　1芽で剪定することで、基底芽と同じ側の上の芽が取り除かれる。同じ側の上方の芽が下方の芽の発芽を阻害するホルモンを出しているので、通常は発芽しない基底芽でも発芽しやすくなる）

6章　ギュイヨ・プサールの剪定

　より先に行くためには、よりブドウ株を尊重した剪定のシステムを導入しなければならない。このシステムはギュイヨ・プサールと呼ばれ、20世紀の初めシャランテ地方のブドウ栽培家のプサール氏によってギュイヨ剪定から生まれた。

1　目標

　ブドウ株の枯れ死んだ部分を制限するためには、剪定を均衡させることとホゾを残してやることが必要である。もっとうまくやるには、ブドウ株の片側にすべての剪定による傷を集めることである。

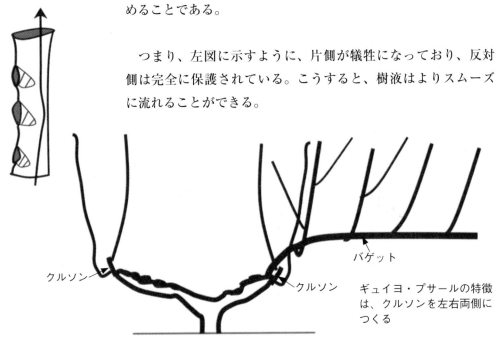

　つまり、左図に示すように、片側が犠牲になっており、反対側は完全に保護されている。こうすると、樹液はよりスムーズに流れることができる。

クルソン

クルソン

バゲット

ギュイヨ・プサールの特徴は、クルソンを左右両側につくる

2　原則

ギュイヨ・プサールは、いわば2本の腕（主枝）を持ったシングル・ギュイヨである。

- 片側の腕にクルソン
- 反対側の腕にクルソンとバゲット、クルソンは必ずバゲットの下側
- 毎年バゲットの位置を交換する*
- どちらのクルソンにおいても、最初の芽は下方か株の外側に向いていること

この剪定システムのメリットは、次の通り。

- ブドウ株の均衡を保てる（2本の腕：主枝のおかげ）
- 幹部分と腕 (主枝) の基底部分は剪定の傷から無縁である（若い株の成長の可能性）
- 樹液の流れの促進。なぜなら腕（主枝）の下側には剪定による傷がない

ダブル・ギュイヨ・プサールに剪定することも可能だ。この場合は、それぞれの腕（主枝）がクルソンとバゲットを持ち、クルソンはバゲットの下側にとる。

（＊ 前年、図のように右側にバゲットをつくったら、今年は左側のクルソンから出した枝でバゲットをつくる）

3　剪定の進め方

最初の2年間は、剪定方法は典型的シングル・ギュイヨと同じだ。

目標はまずまっすぐな株をつくることで、3〜4本の若枝を伸ばし、そのうちの2本は3年目にクルソンとバゲットをつくるために（地面と最初のワイヤーとの間に）うまく位置していることである。

4　3年目の剪定

シングル・ギュイヨのときと同じように、3年目の剪定では、一つのクルソンとその反対側に一つのバゲットをつくる。このクルソンとバゲット上では、2本の腕をつくるために地表から3〜10cmのところの最初のいくつかの定芽は取り除かれる（摘芽）。このようにして幹と腕となる部分の底部は、剪定による傷を一つも受けることなく完全に健全に保たれる。そしてクルソンとバゲットに残された最初の定芽は、必ず下側に位置しなければならない。

×印は摘芽される芽を、矢印は保存される最初の芽を示す（芽は下側についている）

もちろん、クルソンとバゲットの位置は反対にすることもできるし、あるいはクルソンを上側にバゲットを下側にすることも可能である。

　4年目においては、剪定の基本はシングル・ギュイヨとは少し異なる。クルソンのあったところにはクルソンとバゲットをつくり、バゲットのあったところにはクルソンをつくる。二つのそれぞれのクルソンでは、1番目の定芽は下側に位置していなければならない。

クルソン（最初の芽は下側の矢印）

5年目以降は、これを交互に繰り返す。

• クルソンだけをつくったところには、クルソンとバゲットを残す
• バゲットの下にクルソンをつくったところには、古いバゲットを切り落としクルソンを一つだけつくる

それぞれのクルソンの1番目の定芽は下側に位置しなければならない。

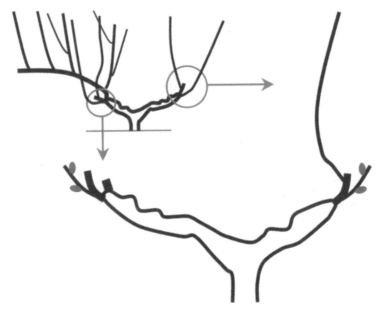

6　なぜクルソンの最初の定芽は下側になければならないか

主として二つの理由がある。

① 継続的な樹液の流れを保存する

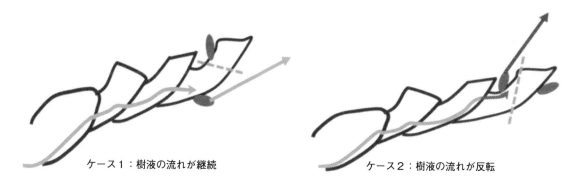

ケース１：樹液の流れが継続　　　　　ケース２：樹液の流れが反転

ケース１（１番目の定芽が下側）　樹液の流れはクルソンの内部において助長されている。流れは継続的に続いている。

ケース２（１番目の定芽が上側）　樹液の流れはクルソンの反対側に反転しており、樹液の流れにブレーキがかかる。

② すべての剪定の傷は上側につくる

上の節の図を再び見ると、最初の定芽が下部にある場合（ケース１）、一番目の芽を取り除く剪定の傷は上側にできる（オレンジ色の破線）。樹液の流れは保存される。

１番目の定芽が上側にあった場合は、剪定の傷は下側にできることとなる（ケース２）。樹液の流れは切断される。

ケース２にしてしまうと、クルソン上の芽の位置が下の図のように逆になる。このとき、剪定者には二つの選択肢が残される。

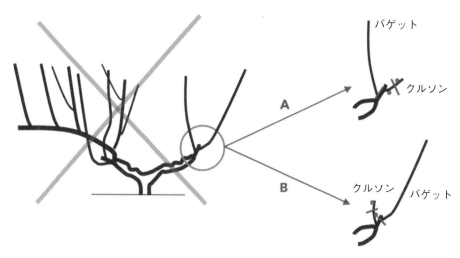

バゲット
クルソン
A
B
クルソン　バゲット

ケースＡ　クルソンを腕のより離れたところの枝でつくる。こうすると翌年にバゲットを切り落とす際に腕の上側に傷をつくることになる。しかし、これにはいくつもの不具合がある。

- クルソンへの樹液の流れはバゲットの存在により短絡となり、その成長が阻害されるリスクが生じる
- 腕がより早く（長く）伸びてしまう
- 翌年、古いバゲットを切り落とすことによる剪定の傷はより厄介なものになる

ケースＢ　クルソンを腕のより近い枝でつくる。この場合、翌年のバゲットの削除は腕の下側に剪定の傷をつくり、樹液の流れが反転しギョイヨ・プサール剪定法が尊重されないこととなる。

　この二つのケースの形態はともに不具合を示しており、前年においてクルソン上の定芽の位置をよく考慮していたら避けることのできたものだ。

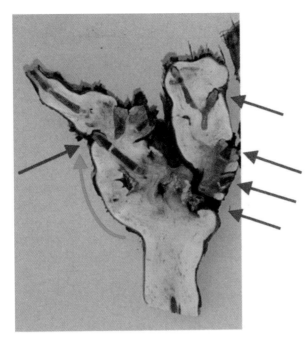

枝の下側の剪定の傷がたくさんの枯れ込みをつくっている

　この写真では、左側の部分は樹液の流れが非常によく保存されている（緑色の矢印）。反対側はそれと逆のことが起こっている（赤色の矢印）。右側は少なくとも四つの反転をこうむっている。

　６〜８回も反転を受けると、大きな問題を抱えることとなるだろう（腕の壊死か衰弱）。

　以上見たようなすべての理由から、クルソンの最初の枝は下側に、そして２番目は上側に、という配置を見つけることが重要である。それを達成するには、クルソンの定芽の位置をよく考慮することで、１番目の定芽を下側にすることが必要である。

7　どのように1番目の定芽を下側にしたクルソンをつくるか

　樹勢が普通のブドウ樹においては、クルソンに2本の枝が発達する。もし1芽の定芽だけ残したとすると、大抵の場合に反対側の基底芽が発芽する。

　下に示す三つの例が、最も頻繁に生じる例である。

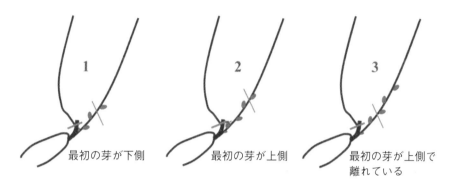

最初の芽が下側　　　　　最初の芽が上側　　　　　最初の芽が上側で
離れている

　ケース1　クルソンの最初の定芽が下側にある。通常通り二つの定芽を残して剪定する。

　ケース2　1番目の定芽が上側にあり基底芽に非常に近いところにある。この定芽は削除して、次の二つの芽を残す。これは少しばかり腕を伸ばすことになる。

　ケース3　1番目の定芽が上側にあり基底芽から少し離れたところにある（＞1cm）。クルソンを1芽残して剪定する。反対側の基底芽が発芽するはずである。これら二つの芽の間隔は翌年に十分なホゾを取れるように十分広いこと。

　ときとして、定芽が上と下側でなく、側面にあることがある。この場合には、最初の芽ができるだけ畝の方向に沿っているような選択をしなければならない（下の写真における緑の矢印）。

8　クルソンに問題が生じたときに樹液の流れをどのように保存するか

　ケース1　クルソンの2番目の枝がバケットにするには弱過ぎるとき（例：図1）は、次のことができる。

- 1番目の枝でクルソンだけをつくり、バゲットは2年目には同じ側につくる
- バゲットだけつくり、クルソンはつくらない。この場合はバゲットの1番目の芽は下側（青の矢印）であること。バゲットは維管束を締めつけるように（折らないほどに）強く折り曲げること。この方法は、折り曲げ部分の前にある芽の成長を助長し、翌年の剪定によい品質の枝を取れるようにしてくれる（例：図2）

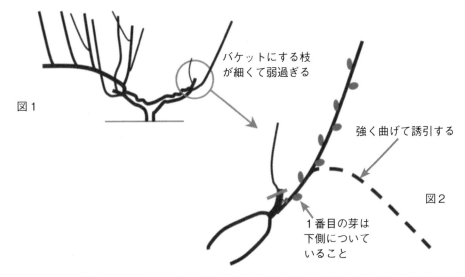

図1

バゲットにする枝が細くて弱過ぎる

強く曲げて誘引する

図2

1番目の芽は
下側について
いること

（＊ つる植物としてのブドウ樹の性質により、樹液は強く先端に引っ張られ先端の芽ほど早く大きく成長する。そのため、ときにより元のほうの芽が発芽しにくくなることがある。強く折り曲げることによって樹液の流れにブレーキがかかり、曲げる前のほうの芽の成長を促すことができる）

ケース2 バゲットの下のクルソンが壊れてしまったとき（オレンジの矢印）。この場合には、バゲットの下側の一番最初の枝を残しておく。クルソンを切り落とすときには、十分なホゾをとって切ること（例：下図）。

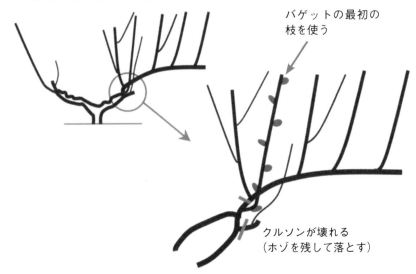

バゲットの最初の
枝を使う

クルソンが壊れる
（ホゾを残して落とす）

9　どのように腕（主枝）を新しくするか

　腕（主枝）の更新は、腕を構成する木部がだんだんと虚弱になったときに必要となる。それは樹液の流れる道筋が変更されたことを意味しており、いくつかの過失がなされた可能性を示している。この主枝の更新は理想的には1年か2年前に準備を始めるのがよい。幹の上や腕（主枝）の付け根部分、またはそのすぐ下といったよい側に生じたグルマン（不定芽）をとっておく。剪定の際に、それら不定芽から伸びた枝は、1年か2年は2芽残して（クルソンのように）剪定し、十分な太さになるのを待つ（4章2参照）。更新する腕にバゲットをつくる際、不定芽をクルソンのように使い、クルソンに生える枝の成長を助けるようにバゲットは短くして四つの芽しか残さないようにする。翌年に、古い腕（主枝）は十分なホゾを残して切り落とすことができる。

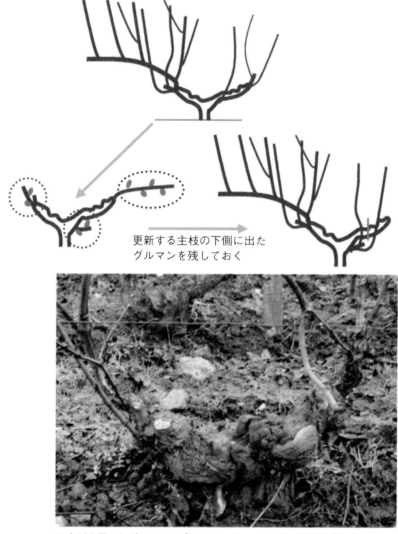

更新する主枝の下側に出た
グルマンを残しておく

70年以上経ったギュイヨ・プサールのすばらしい株。幹が左右に分かれ、
2本の腕をつくって均衡しており、二つの樹液の流れを保っている

7章　ダブル・ギュイヨの剪定法

　ダブル・ギュイヨの剪定方法はシングル・ギュイヨの剪定方法と比べれば、株に1本ではなく2本のバゲットを残すことを除きほとんど同じである。この違いは植樹密度の高い畑ではより大きな影響を与える。考慮すべき要因となるのはそれぞれのバゲットに残す芽の数である。

1　それぞれのバゲットに五つか、それ以上の芽を残す場合

　もしそれぞれのバゲットが十分に長く、少なくとも五つの芽を持っている場合は、2本の腕でそれぞれにクルソンとバゲットを持ったダブル・ギュイヨに剪定するのになんら問題はない。

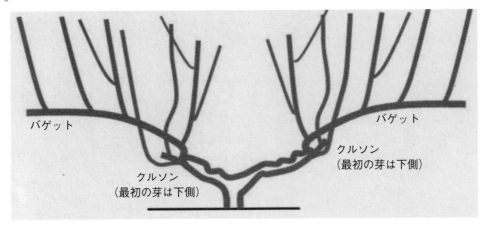

　この図の場合においては、シングル・ギュイヨ・プサールの剪定と同じ基準を尊重しなければならない。それぞれのクルソンはバゲットの下方に位置し、1番目の芽は下側についているということだ。

2　それぞれのバゲットの芽が五つ以下の場合

① バゲット上の芽の管理
　それぞれのバゲットに残す芽の数を少なくする場合には、クルソンの追加は合計の芽の数を著しく増やすこととなる。このような場合には、それらのブドウ株はしばしばクルソンなしに剪定される。よってこの場合は基底芽を使えなくなる。基底芽はバゲット上ではほぼ絶対に発芽しないだろうからだ。

腕（主枝）の下側に樹液の流れを確保するためには、クルソンと同じ理論を適用するが、陰芽は考慮されない。

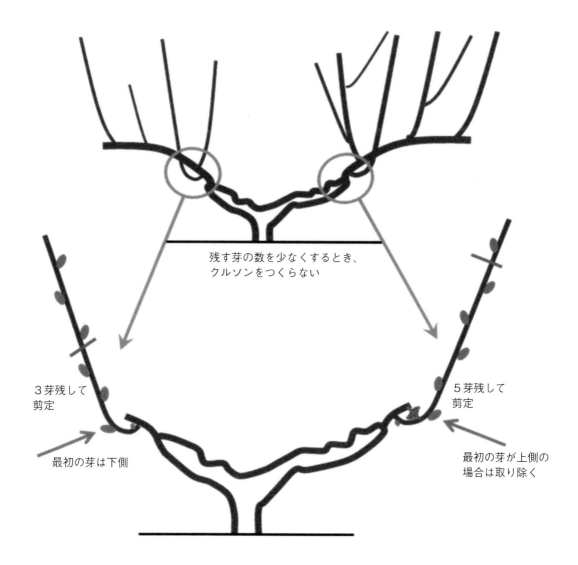

残す芽の数を少なくするとき、クルソンをつくらない

3芽残して
剪定

最初の芽は下側

5芽残して
剪定

最初の芽が上側の
場合は取り除く

左側の腕：1番目の定芽がよい位置にある。これを残す（緑の矢印）。

右側の腕：1番目の芽は悪い位置にある。これは取り除く（赤のバツ印）。残すべき最初の芽は次の芽となる（緑の矢印）。

必然的に、この種の仕立てではクルソンがある場合よりも腕の広がりがより大きくなる。実際にクルソンは、基底芽や1番目の定芽が発芽することを確実にしてくれる。クルソンなしでは決まって2番目の芽から再出発しなければならないので、より広がるようになる。

② バゲットの負荷の管理

クルソンを持たないこの剪定方法はもう一つ別の要素を厳格に管理しなければならない。それぞれのバゲットに残す芽の数である。つまり、芽の数が多過ぎる場合には、元のほうの芽は発芽せず、かつ腕（主枝）の伸長が顕著となる。この現象はクルソンが存在すれば起きない。なぜならクルソンを元にした芽が発芽して翌年の剪定のときに利用することができるからだ。

前ページの下図において、ブドウ株の2本の腕（主枝）は同じ樹勢ではない。

左側の腕（主枝）は、弱々しい4本の枝が出ている。こちらは3芽に剪定された。

右側の腕（主枝）は、4本の力強い枝を持っている。こちらは5芽に剪定された。

まとめると、クルソンをつくらない長梢の剪定では二つの要素を注意深くコントロールしなければならない。バゲット上の芽の位置と負荷として残す芽の数である。

③ 復元枝の使用

もしクルソンをつくりたくないと思っていても、常に復元枝（1芽または基底芽のみの短いクルソン）をつくっておくことができる。それらの復元枝は腕（主枝）の伸長を制御することができるし、ときにはそれらを短くすることもできる。同時に、これらは二つの厄介な問題を抱えている。

- 復元枝をつくれるかどうかは予測不可能である。なぜなら前年の剪定のときにとっておいた定芽がうまく発芽することは稀であるからだ
- それと、とても目につきにくいということで、摘芽の作業の際に誤って削除されやすい これは本当のクルソンの場合では起きない

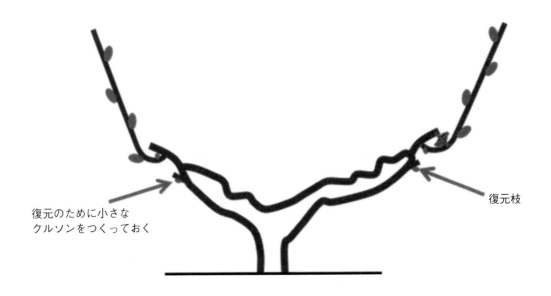

復元のために小さな
クルソンをつくっておく

復元枝

8章　その他の剪定法

　これまで見てきたブドウ株に損傷を与えず樹液の流れを尊重するという原則は、他のいかなる剪定にも応用できる。重要なのは同じ論理を尊重するということだ。

1　コルドン剪定法

① 若い株の育成

　最初の2年間の剪定は、シングル・ギュイヨと同じである（5章1と5章2）。2年目において、シングル・ギュイヨと同じように、どのような形にするかを決め、それによって正しい高さのところの芽を選ぶ。

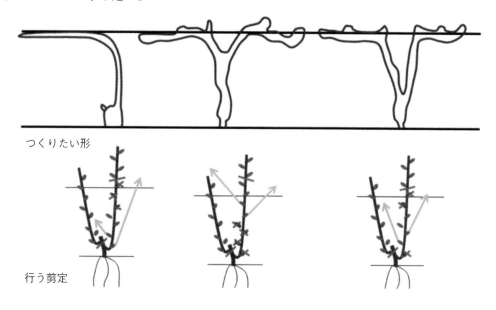

つくりたい形

行う剪定

　上に示した三つの形のうち、左端は一株当たり3〜4のクルソンを持っており、植樹の密度が高い場合に適している。

　植樹の密度が低いところでは、少なくとも5〜6個のクルソンを残した右端のものが適している。

　まん中のものは、これが一番多く用いられているのであるが、衰弱しやすい。その主な理由の一つは、間違いなく新しく腕をつくり直すことが難しいことであり、続いて引き起こされる大きな壊死である。

　まとめると、可能であるならば、2本腕のコルドンとするのが適している。そしてその2本の腕の出発点は比較的低いことが肝心だ。

② 3年目のブドウ樹

3年目においては、もし樹勢が十分強ければ、最初の腕（できれば2本）をつくることができる。そのためにはギュイヨと同じルールを守ればよい。

- 若木の畑では、それぞれのブドウ株は毎年前年より3倍の枝をつくることができる
- 補植した場合は、それぞれのブドウ株は前年より最大2倍の枝をつくることができる

将来の腕となる枝は、折り曲げ部を挟み込むことのないように曲げる。挟み込み部は樹液の流れにブレーキをかけ、腕の衰弱を早める。

腕となる枝は誘引するワイヤーにくくりつけるか、ワイヤーに巻きつける。ワイヤーに巻きつける場合は、次の冬に行うこと。さもないとワイヤーが樹の木部に食い込み、樹液の流れにブレーキをかけ、死んだときに取り除くのが難しくなる。

枝を曲げたときにできた挟み込み

樹の中に食い込んだ誘引のワイヤー

これと同時に、将来のクルソンとなる芽だけが残るように、いらない芽を摘芽する。次ページの図は、3年目に樹勢、並びに最終目標に応じて取るべきいくつかの異なる剪定方法を示している。赤のバツ印は体系的に摘芽された芽を示している。オレンジ色のバツ印は、樹への負荷を均衡させるために残すことができる芽であるが、次の年の冬には取り除く。

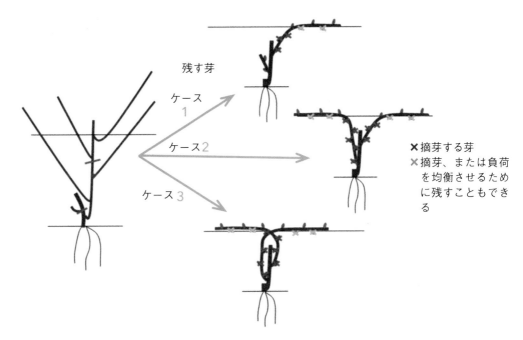

残す芽

ケース
1

ケース2

ケース3

✖摘芽する芽
✖摘芽、または負荷
を均衡させるため
に残すこともでき
る

ケース1　ブドウ株の樹勢がそれほど強くない場合、1本の腕をつくり、2番目の腕とな
る位置にはクルソンをつくる。2番目の腕は翌年つくる。シングル・コルドン（1本腕のコ
ルドン）にするときは必然的にこの剪定方法になる。その場合は、クルソンは必要不可欠で
はない。

ケース2　樹勢が強い場合、その年に2本の腕を同時につくることができる。それぞれの
腕には将来クルソンとなるべき場所に3芽ずつ残す。

ケース3　2本の腕を交差させる。

2本の腕をつくる剪定では、ケース3のように枝を交差させてつくることができる。この
方法には二つの長所がある。

• 2本の腕の間の間隔が狭まり、誘引の効率が上がる
• 樹液の流れがより尊重されている

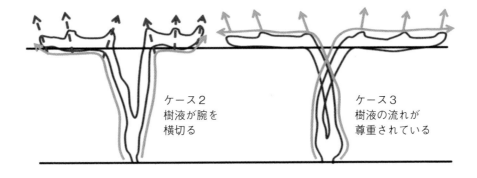

ケース2
樹液が腕を
横切る

ケース3
樹液の流れが
尊重されている

③ ブドウ樹の形成

コルドンの形がつくられたら、剪定はとても簡単になる。それぞれのクルソン上に2～3本の新梢が出る。理想的には、摘芽するときに、生産の目標に応じて1芽から2芽を残す。次の冬、剪定のときにそのうちの1本の枝を残してクルソンに剪定する。

その段階で起こる主要なエラーは、クルソンを短くつくり過ぎて、翌年大きな傷が必然的にできることである。

ケース1　低い位置の樹を選び、次のクルソンにする

ケース2　前年のクルソンが短く、枝の間隔が短い

ケース3　クルソンが短過ぎて陰芽が発芽した

ケース1　前年にクルソンは正しくつくられた（2芽の定芽）。この場合、2本目の枝を十分なホゾをとって切り落とすことが簡単にできる（赤線部）。低い位置の枝は保持され、2芽の定芽を残して剪定する。これで来年の剪定も非常に簡単になる。

ケース2　前年につくられたクルソンが短い（1芽の定芽）。2番目の枝（上についた枝）[*1]を前年のクルソンとともに切ると十分なホゾを残すことができない[*2]（赤い破線部）。そこでクルソン上で二番目の枝のみを切り落とすのが好ましい（赤の直線部）。

ケース3　前年につくられたクルソンが短過ぎた（1芽も残していない）。二つの陰芽から2本の新梢が出た。2本の新梢のどちらかを切り落とすと、必然的に乾燥による枯れ込み部をつくり、新たにつくるクルソンの樹液の流れを妨げることとなる（赤い破線部）。そこでケース2のときと同様に赤の直線部で切るのが好ましい。

（＊1　1芽しか残していないので、陰芽から新梢が発生している）

（＊2　節間が短いため、赤の点線で上の枝を切り落とした際に十分な長さのホゾを確保できない）

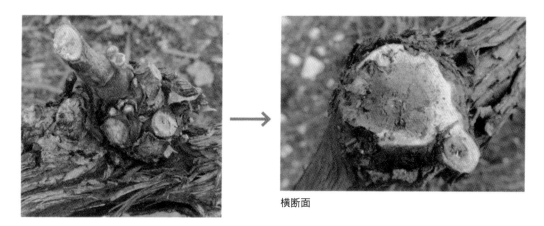

横断面

　左の写真では、クルソンが短くつくられたためにいくつもの深切りした剪定の傷がある。中を見ると、大きな壊死ができている（右の写真）。

　クルソンから芽が育たなかったり、育ちが非常に悪いときは、たくさんの重大な剪定の傷がクルソンの周りにできていることがしばしばある。ケース3を避けると同時にケース2では正しく剪定することにより、クルソンの生命力を著しくあげることができる。

　ケース1の主な難点は、クルソンがだんだん上がっていきロウソクのような形になることである。しかしながら、剪定がきちんと管理されていたら、その上昇はさほど問題とはならない（1年に平均0.5cmほど）。これを恐れて、根拠が薄いのに、大きな傷をつくってしまうのだ。したがって、クルソンがロウソクのような形になって上に伸びていくのを、ある程度受け入れなければならない。

　さらにいうならば、それぞれのクルソンへの樹液の流れを大事にできる。

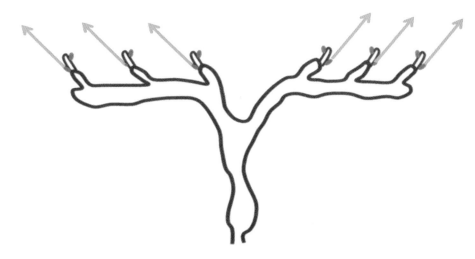

　そのためには、それぞれのクルソンの1番目の芽が外側を向くように剪定することだ（緑の矢印の方向に行くように）。もっと詳しく知るには、6章6のギュイヨ・プサールを参照のこと。

（＊通常はできるだけクルソンを低い位置に取るよう切り返しを行うが、Simonit & Sirch メソッドでは、ロウソクのような特徴ある形になるのを受け入れ、これを管理された手法で適合させようとしている。ここでも樹液の流れの連続性を保つことが重要となる）

写真（左右とも）：Marco Simonit

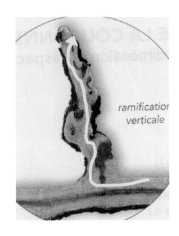

④ 腕（主枝）の更新

　もし剪定が正しく行われ続けられたならば、腕の更新はきわめて稀なこととなる。しかしながら、ときとしてそれが必要になることもある。そのときは、いくつかのルールを守らなければならない。

　可能なかぎりにおいて、新しい腕は取り除くものと同じ側で、しかもその下側につくる。さもないと取り除かれた腕の側には樹液が供給されず乾燥して死んでしまう。

　次に、新しい腕をつくるときは幹を切断するのと同じ原則を守らなければならない。古い腕は、新しい腕となる枝の径が古いものの3分の1になるまで切ってはならない（4章2③）。新しい腕を形成しようとするなら、少なくとも古い腕を切り落とす2年前に計画し、基部のよい位置にクルソンを残して十分に太くなるようにしなければならない。

2　ゴブレ（カップ型）剪定法

① 若いブドウ樹の形成

　最初の 2 年間の剪定は、ギュイヨとまったく同じである（5 章 1 と 5 章 2）。2 年目において、他の剪定と同様に、将来のブドウ株をどのような形にするか、正確にいうなら、主幹をつくるか、どのような仕立て方にするかを見きわめなければならない。

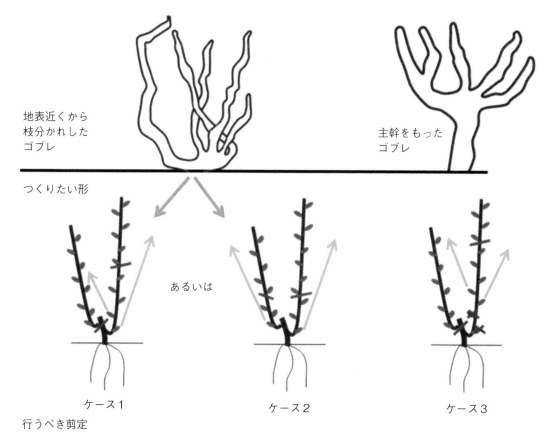

地表近くから
枝分かれした
ゴブレ

主幹をもった
ゴブレ

つくりたい形

あるいは

ケース 1　　　　　ケース 2　　　　　ケース 3

行うべき剪定

　主幹の高さに応じ、2 年目または 3 年目において（樹勢に応じ）4 〜 6 芽をつけた新梢を確保する。1 番目の芽を幹を形成する高さにする。その下の芽はすべて除去する。

　ケース 1　腕は地表近くにつくられる。一番まっすぐで、かつ（または）一番低いところの枝を 1 本選び 4 〜 6 芽を残して上部を切り、その下の芽はすべて残す。
　ケース 2　2 本の枝を残して、ただちに 2 本の腕をつくることも可能である。それぞれに枝の下部に 2 〜 3 芽を残す。
　ケース 3　1 本の主幹を形成する。一番まっすぐな枝を選び、下部の芽は取り除き上部に 4 〜 6 芽を残す。

② 誘引しないゴブレづくり

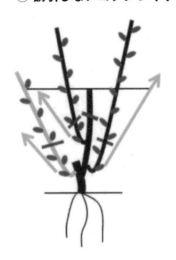

樹勢にもよるが3〜4年目において、よい高さのところに最初の二つのクルソンをつくる。もし他の枝が成長しており（図におけるオレンジ色の枝）、よい位置にあるならば、さらなる腕を形成するために残すこともできる。その場合には負荷がその樹勢に合うように2〜3芽を残して剪定する。そのためには摘芽の際によい位置に枝が確保されていることが必須である。

5年目において、さらに他の腕が同じ高さのところから成長する芽によって形成される。下に示した図においては、4本の枝が腕にとって好ましい方向に伸びる1番目の芽とともに残された。もし1番目の芽がよい方向に伸びないようなら、よりよい位置にあるその次の芽が伸びるようにしてやる。目指すところは、限られた空間の中で密集しないように腕をよく分布させることである。

最終目標が一株に四つのクルソンを設けることであるなら、形成された4本の腕を保持し、その下部に現れた枝はすべて取り除く。それは摘芽の際に行うのがよい。

これに対し、目的が一株にできるだけの腕をつくりたいというのであれば（5、6、または7、8本）、最初につくられた腕と同じ高さに伸びた新梢を次の年に保持して、それで新し

い腕をつくる。それらの枝では、腕が望む方向に伸びるようによりよい位置にある芽を残す。

③ 誘引するゴブレづくり（エバンタイユ：扇型）

　誘引するゴブレでは、よい位置にある2本の新梢を3〜4芽残して剪定する。その際は上側についたよい位置の芽を二つずつ残すようにする。バゲットはくくりつけるために少し長めに保持してもよい。この場合は上方（先のほう）の芽は摘芽してよい。

　次の年に、よい位置に伸びた新梢でクルソンをつくる。1本の腕に2〜3のクルソンである。下の図においては、赤のバツ印がついた芽は必ず除去する。オレンジ色のバツ印はブドウ株の負荷を均衡させるために残すこともできる。

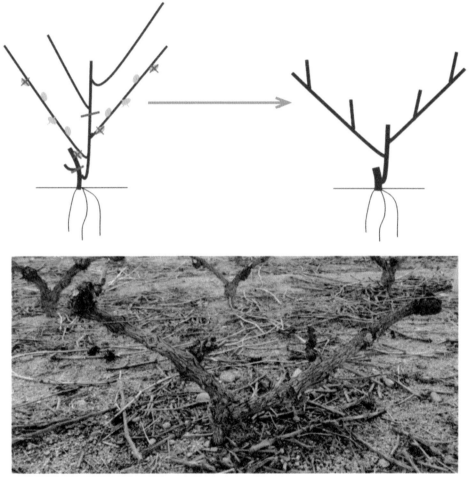

　もし、より多くのクルソンを残すなら、剪定時により多くの芽を残さなければならないだろう。あるいは数年にわたって腕を伸ばしてつくることになる。

　最終的には、誘引されたゴブレ仕立ては2本腕のコルドンに非常に近いものとなる。

④ 5年目以降の剪定

いったん腕が形成されたならば、あとは樹液の流れを尊重してやることが目標となる。そのためには、クルソンの最初の芽が下側になるようにそれぞれのクルソンを剪定することが肝要となる（例：下図参照）。それはギュイヨ・プサールの例と同じである（6章6 参照）。

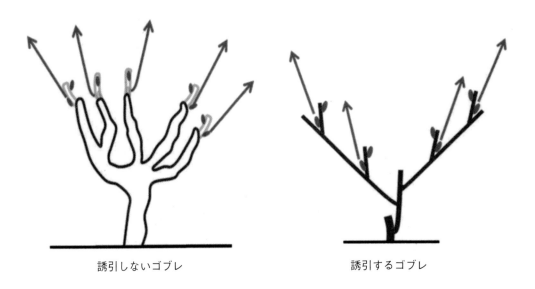

誘引しないゴブレ　　　　　　　　　誘引するゴブレ

それぞれのクルソンは、二つの定芽を残して剪定される。あるいは一つの定芽と陰芽（基底芽）である。

それぞれのクルソンに対しては、できるかぎり深い傷が残らないように切ること。それはコルドンの例と同じである（8章1 ③ 参照）。

樹液の流れが考慮されていない剪定や、それぞれのクルソンが2つの定芽を残して剪定されたものと比べると、潜在的収量は減少することがある。それゆえ、必要なら1〜2本の腕を追加して残してもよい。伝統的な誘引しないゴブレ仕立てにおいては、しばしば1株当たり6〜8本の腕が見られる。

9章　摘芽（またはムダ枝取り）

　枝の一部を取り除くという摘芽（ムダ枝取り）は、ブドウの成長に大きな影響を与える剪定の補完的作業である。それは可能であるなら剪定のときに行われるのがよい。それゆえ、たとえ部分的であってもそのテクニックについて言及する価値がある。

1　摘芽（ムダ枝取り）の目的

　すべての人が"ebourgeonnage（摘芽）"という語に同じ意味を見出しているわけでなく、しばしばほかの語も用いられている（abionnage, epamprage...）。ある者は幹に発生したグルマンの除去に限定して使い、ほかの者はこのほかに株の頭の部分やバゲット、クルソンに対しても使う。それらすべての作業がebourgeonnageという語であらゆる書物の中で使われている。

　摘芽（ムダ枝取り）には、たくさんの目的がある。
- ブドウの房の分布とミクロ・クリマの改善
- 不要な、または邪魔なグルマンの除去
- ブドウ株の均衡の保全と剪定の準備

2　なぜ摘芽で新梢を除去するのか

　品質上の問題が第一であるが、ここでは述べない。

　春になると、ブドウ樹の幹は形成層のおかげで太く成長する（1章6　参照）。太く成長しながら、そこから生えた枝を、特にグルマンを包み込んでいく。その被覆は大部分が発芽から開花までの間に起きる。

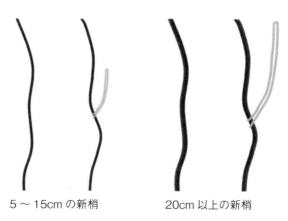

5〜15cmの新梢　　　　20cm以上の新梢

グルマンが十分若いとき（25 ～ 30cm 以下のとき）に摘芽されたなら、簡単に切り取ることができる。枝はわずかしか幹に覆われておらず、切り取ることはなんら影響を与えない。

　それに反し、グルマンをだいぶ経ってから（25 ～ 30cm 以上）切り取ると、幹の被覆はすでに重大なものとなっている。そのときには摘芽はより難しくなる。グルマンのホゾを残しておくか、切り取る際に幹に深い傷をつけことになるからだ。その場合は、主幹を傷つけないようにグルマンを切り取る道具を使う*ことが望まれる。

> （＊発芽したばかりの芽や、5 ～ 15cm ほどの新梢は手でなでれば簡単に落とすことができる。20 ～ 30cm ぐらいになると、手でもぎ取ろうとすると幹の部分まで傷つける恐れがあるので、そのときは摘芽用ナイフを使うことを勧める。三日月型をしたナイフで、刃の部分を幹に押し付け発芽した枝の付け根の陰芽の上を切るようにして枝を落とす。陰芽が残っていると、来春にまたたくさんのムダ芽が生じてしまう）

　いずれにしろ、摘芽は十分早い時期に始めるのが適切である。いくつかのグルマンを残してしまう危険を冒してもである。それらは、時間が許すなら、2 回目のときに取り除けばいい。

　他の新梢についても同じである。それらが若いときには、それを取り除くことは簡単でかつブドウ株になんら害を及ぼさない。それらがより時間の経ったものなら、その除去は古い木部を剥ぎ取ることとなり、より重篤な傷をつくることになる。あるときから、多くのブドウ栽培者らがそれらを剥ぎ取るより、早めに切ることを好むようになった。今のところ、我々はこのやり方の実際のインパクトを知らないのだが。

　同じ考えに沿って、2 ～ 3 年経った枝の除去は 1 年枝の除去よりより重篤な傷となる。

　結論をいえば、枝を取り除くのが早ければ早いほど、その除去による悪い面は軽減される。特に若いブドウ樹においてはだ。
　理想的な摘芽（ムダ枝取り：枝間引き）は、その成長が 15 ～ 30cm の間のときに行うのがよい。

3　なぜ摘芽で新梢を保存するのか

　いくつかの新梢は次の冬の剪定に重要である。それらの機能を述べる。
- ブドウ株の片側に樹液が供給されていないときに均衡を再構築する
- ブドウ株の樹高を下げる。切り返し、刈り込み
- その位置と角度がよければ将来のクルソンとして使える

・潜伏芽の蓄えとなる

　摘芽（ムダ枝取り：枝間引き）は剪定の基礎をつくる。もし前に述べた機能を満たす新梢が除去されてしまったなら、次の冬の剪定はねらった目標に応えることができない。

　したがって、よい摘芽をできる人はよい剪定者といえる。両者は同じ剪定の原理を所有しているに違いない。

4　どのように摘芽の作業をオーガナイズするか

　これに解を与える方程式は複雑である。なぜならば、摘芽（ムダ枝取り：枝間引き）をできる期間は限られているし、臨時労働者の確保に走り回らないかぎり予定したことを成し遂げることは滅多にできない。さらにいえば、それらの労働力は常勤労働者と比べれば質が落ちる。

　この不都合を抑えるには、それぞれの圃場の目標をよく考えることが必要であり、それに仕事のやり方を適合させることだ。以下がその可能な働き方のいくつかの例だ。

・若い圃場（1〜5年）：これらの圃場においては、剪定と摘芽（ムダ枝取り：枝間引き）は健全な苗木から出発するために最も重要な要件である。可能なかぎりにおいて摘芽（ムダ枝取り：枝間引き）は知識がある人に限ってやらせることである。それら圃場はしばしば一番最後に作業される。よいタイミング（10〜12cm）で作業することが好ましく、その後すぐに2回目の処理を行う
・できるだけ多くのブドウ株の切り返しを目標とする圃場（それらはしばしば最初の年から6〜15年近く剪定がぞんざいに扱われた圃場）。低いところから出てきたグルマンをできるだけ残す。10cmほど下方は摘芽しないでおく。この指示は守ることが簡単で、熟練していない人にもできる
・規則正しい樹液の流れと正しい成長を維持するために、クルソンの芽の向きが最重点である圃場。これらの圃場は二つのチームで行うのがよい。最初のグループは、未熟者のチームでバゲットの摘芽を行い、2番目のグループは、熟練者でクルソンと主幹の摘芽を行う
・樹の均衡が一度も考慮されなかった年月の経った圃場：未熟者に摘芽させることができる

もちろん、それぞれの作業はその作用がそれ固有の制約と最重要の目的に適応するようにする。

　摘芽（ムダ枝取り：枝間引き）は余計な手間と考えてはいけない。それはワインの品質とブドウ樹の持続性のための投資である。

ブドウ樹の治療的アクション

Actions Curatives

10章　穂木の切り返し

　比較的若い（15年以下）圃場が木部の病気の症状を現し始めたなら、大多数の株の木部が壊死を起こして樹液の流れ道が損傷しているだろう。一貫して年を追うごとに致死率が上がっていくに違いない。それらの圃場においては、株の全体に切り返しを行うことで機能的な樹液の流れを修復することができる。言い方を変えれば、できるだけ低いところに位置する新梢を使ってブドウ株の主幹を再構築することである。それではどんな規則を守らなければならないのだろうか。

1　どのような圃場で切り返しをするか

　切り返しは十分早いときに行われなければ機能しない。ブドウ株が木部の病気の兆候を現していたら、しばしば手遅れとなっている。
　切り返しを行う圃場は、数本のブドウ株がその症状をまさに現そうとしている畑である。病気の株だけでなくすべての樹の切り返しを行わなければならない。摘芽のときにあらかじめ備えておくことが重要で、一番簡単なのはブドウ株の下から10cmほどの枝を取らないことだ。

2　どのように切り返しを行うか

　この写真のブドウ株は数々の狭窄（黄色の矢印）によって樹液の流れが阻害されている。もし剪定者が株の頭の部分に剪定枝を残すことに固執したなら、この類のブドウ株は早死を宣告されたも同じだ。
　しばしば有効な解決策は切り返しを行うこととなる。切り返しが効果的となるには、できるだけ低いところで行わねばならない（緑の矢印）。
　そのためには、ブドウ株がグルマンを発生させることが必要で、それが春の摘芽のときに取り除かれないことだ。

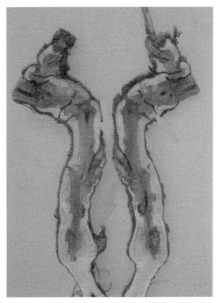

茶色に変色した枯れ込み部分が樹液の流れを阻害している

3　株の低いところにどのようにグルマンを得るか

① 株の低いところの芽を保存しておく

　株の低いところから芽が出るようにするには、すぐ発芽できるような機能的な芽が残っていなければならない。ときに、ブドウ株の下方に芽の蓄えがあるかは主に次の二つの要因による。品種とブドウ樹の仕立て方（剪定方法）だ。

　品種についていえば、いくつかのものは古い木からでも新しい芽を出す能力がより大きいものがある。他のものは、それに比べほとんど芽を出さない。

　ブドウ樹の仕立て方も同様に大変重要な影響を及ぼす。若木は、その下部にたくさんの芽を持っている。それらは樹の生命の期間を通して定期的に発芽し続ける。もしそれらが計画的に摘芽されたり、すり切りで剪定され続けたら芽の蓄えは枯渇する。反対にそれらが摘芽されなかったり、過剰にすり切りで剪定されるようなことがなければ、陰芽によって芽のストック（在庫）は再構築される。ゆえに、ブドウ株の下部にたくさんの芽のストックを持った15年の圃場もあれば、それがまったく枯渇した圃場もあるというわけだ。後者においては切り返しが成功するチャンスは乏しい。ブドウ株の下部に機能する芽を持っている圃場というのは、樹の足回りを摘芽しなければならないようなグルマンが定期的に出てくる畑というわけだ。

② 下部の芽の発芽を助けるには

　ブドウ株の下方に芽が存在するなら、余分の厚みを持った死んだ樹皮を取り除いたり、グルマンが出てきてほしいゾーンのちょっと上辺りを剪定バサミで表面に切り込みを入れることによって、それらの発芽を助けることができる[*]。それら切り込みは1〜2mmの深さで3〜4cmの長さで行われる。

古い樹皮の除去

切り込みのやり方

（＊発芽を抑える植物ホルモンは葉や上位にある芽でつくられ、師部を通って降りてくる。師部は樹皮のすぐ内側を走っているので、1〜2mmの切れ込みを入れることで流れが遮断され発芽が促される）

4 新しい主幹の形成

　株の下方にグルマンが成長したなら、1～2年の間はクルソンのような短梢に剪定し、それがさらに強くなり、効果的な樹液の流れの道筋をつくるようにする。ブドウ株の中心部が乾燥しないようにするためには、主幹部を切る前にグルマンの太さが主幹の径の3分の1の太さになるまで待たなければならない（4章2 ③ 参照）。

　そのよう（3分の1）になったならば、少なくともその径の2倍の長さのホゾを残して古い主幹を切り落とすことができ、クルソンから新しい主幹を構築できる。（ホゾとして残した）古い主幹は数年後にすっかり乾燥した時点で切り落とされる。

1年目：グルマンを2芽残してクルソンをつくる

1～2年後：グルマンから出た枝を誘引し、主幹の頭部を切り落とす

数年後に古い主幹部を切り落とす

　低いところにクルソンを残すことが、ブドウ株間の表耕や折ってしまうリスクで問題となるなら、ワイヤーに残したグルマンを引き上げてくくり、中間部に2芽だけ残せばよい。

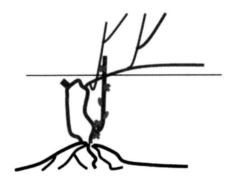

11 章　強制的な切り返し

　ブドウ株が木部の病気の症状を現し始めたら、切り返しを行うにはもう遅過ぎる。しかしながら、他のもうちょっと荒っぽいテクニックを使えば、しばしばよい結果を得られる。我々はそれを強制的切り返しと呼んでいる。このテクニックは数年前よりサンセール地方のブドウ栽培者 NOEL REVERDY（ノエル・ルヴェルディ）によって実践されている。

1　強制的な切り返しの原則

　あるブドウ株が病気の兆候を見せたら、冬の間に頭部を切り取ることが可能となるように見きわめをつけることが必要となる。

　頭部の切り取りは、主幹部を 15 〜 30cm 残すように株の頭の部分で行う。その後、径が大き過ぎない硬い筒で囲う。

　頭部を切り取る際には、その目的は（木部の細胞の死んで黄色く柔らかくなった）海綿状物質のない主幹を得ることである。もし（病気にかかった）海綿状物質が残っていたら、より低い位置で切り取らなければならない。もし、それが接ぎ木された部分にまで及んでいたら、切り返しはもはや不可能だ。

2 結果

　強制的切り返しがうまくいったなら、翌春には幹はその下部から1本かたくさんの枝を発生させる。次の冬の剪定のときに、1本か2本の枝を残しクルソンかバゲットに剪定する。少なくとも合計で7〜10の芽を保存するか、あるいは通常の剪定をする。翌年の収穫は、質・量ともに成木と変わらない。

3 成功する割合

　成功する割合は圃場によってまちまちである。幹の下部に潜伏芽が存在し、それが機能するものであることが必要だ。ゆえに、圃場が若く樹勢の強いほど、この技術は効果的である（90％以上の成功率となる）。これに反し、年をとり樹勢が弱い圃場では、結果は失望的である（しばしば5％以下の成功率）。

　よって、それぞれの圃場でこのテクニックが有効かどうか、いくつかの畝で試してみるのが適切である。

強制的切り返しの6か月後の株

強制的切り返しの4年後の株

12章　接ぎ木の更新

　多くの場合において、木部の病気に罹患したブドウ樹も台木は健全性を保っている。病気のブドウ株を引き抜いてしまうよりも、根のシステムはそのまま維持して台木に直接再び接ぎ木するほうがよいと思われる。ゆえに、しばしば再接ぎ木が検討される。

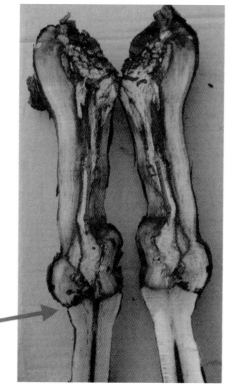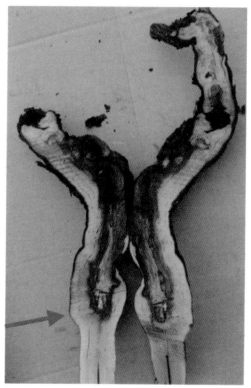

赤い矢印は接ぎ木の部分を示している。穂木部分は枯れ込みが進んでいるが、台木はしばしば健全なまま残っている

1　再接ぎ木の時期

　割れ目をつくって行う再接ぎ木は春に行うことができるが、プルール*が始まって台木が湿ってきたときから6月までの間である。再接ぎ木をするときの気温はほとんど関係ない。理想的な時期は4〜5月までだろう。秋に試しに行ったことがあるが（9〜11月の間）、結果はまちまちであった。この時期の再接ぎ木は春ほどは効果的でないようだ。

（＊春に樹が地面から水分を吸い上げ、樹液が剪定の切り口などから滴り落ちる現象）

　このきわめて重要な段階は、発芽の後に再接ぎ木されるときのみ必要とされる。3月末から4月の初めに行う再接ぎ木では、剪定前のブドウ株から直接新梢を採取することが可能である。接ぎ木するときには、穂木はまだ発芽しておらず完全な状態でなければならない。そのためには、枝を2月末から3月初旬、つまりプルールが激しくなる時期の前に採取する。採取するときは枝が乾いているように雨の降っていない日に行う。芽は乾燥し過ぎてもいけないし、カビが生えても発芽していてもいけない。

　具体的にいうなら、枝は束ねて穴を開けたビニールで包み3〜5℃のところで保管する。採取する新梢は太過ぎてはいけない（直径6〜8mm）、理想的にはほんの少しの巻きひげがつき、副梢の出ていないものがよい。4年から6年の若木か、老木ならウィルスが存在しないように細心の注意をもって調べられたものから採取する。15日ごとに状態がよいかチェックする。

　再接ぎ木の1〜2日前に、枝の束を12〜15℃のところに置き、それが十分に水分を吸収するように少しの水を入れた桶に浸す。花瓶に花を挿すようにする。枝の木部と芽の質を確かめなければならず、何本かを切断してみる。切り口が鮮やかな緑色をしていなければならない。もし、木部が薄い緑色や灰色がかっていたら乾燥し過ぎで使うことができない。もし芽が茶色をしていたら、同様に悪い状態なので取り除かなければならない。

左は緑色の木部で健全な枝。
右は乾燥し過ぎの枝

　水の中に足を24時間浸した後、芽が膨らみ始めるに違いない。

　萎びたままの芽は使ってはいけない。

3　再接ぎ木のテクニック

← 接ぎ木こぶ

① 幹の切断

　台木の周りの土を除ける。ブドウ株の接ぎ木こぶ（接ぎ木された膨らみの部分）の下で、台木の節の上の少なくとも4〜5cmのところ（緑色の矢印部分）を切る。

　きれいな断面で切断できるような道具を使うこと（手ノコギリ、または切り株刀など）。もし断面がきれいにできなかったら、よく研がれた小剪定刀や接ぎ木用ナイフで穂木が挿入される場所の表面をきれいにつくり直す。もし台木が完全に健康な状態でなかったら（少なくともすべての表面が）、もっと下のほうを切ってもよい。

地表から3〜5cmぐらい下を掘って切ることを躊躇してはいけない。

接ぎ木の可能な株

枯れ込みが中心に
向かっている　接ぎ木の不可能な株　左半分が壊死

接ぎ木する何週間か前に切断することもできるが、その場合は表面をもう一度削って新しくする。台木はその表面全体が健全でなければならない。中央部の多少の黒いシミは問題ないだろう。

② 台木への切り込み

刃の薄い丈夫なパテを塗るナイフか、鉈（なた）のようなもので台木に割れ目を入れる。割れ目の深さは接ぎ穂が入るように十分深く（3〜4cm）とること。

これは台木の径が一番大きいところで行うとよい。

この割れ目のところから樹が裂けるようではいけない。穂木を挿入する前に、この割れ目の周りの古い樹皮の余分の厚みを取り除く。

③ 穂木の準備

この段階が一番デリケートで、面取りが正しく実施されないと様々な失敗の源となる。ともかく上質で完璧に研がれた接ぎ木ナイフを用いることが欠かせない。穂木は斜めに面取りするように切る。面取りは芽のすぐ下から切り込みを入れて両面に行う。切断の実施はきれいに、そして正確に一気に行われなければならない。切断が何度もやり直されるとしばしば切断面は滑らかでなくなり、台木との不良接着を引き起こす。

胸元にあて穂木を保持する　　斜めに一気に引き抜いて面取りする

面取りした両断面はきちんとまっすぐでなければならず、カーブしていてはいけない。そうするためには、前のページの写真にあるように、胸元に沿って穂木を保持し切断中に手首を回さないようにすることだ。ただ肘を動かすようにする。接ぎ木ナイフは切り込んだときから最後まで常に同じ角度を守る。面取りは先を尖らせる必要はない。反対に先端部は何mmかの厚さがあってもよい。反対側を切るときには切断面に沿って親指を保ち続けるとよい。指を切らないように穂木を持つために親指は動きに沿うようにする。

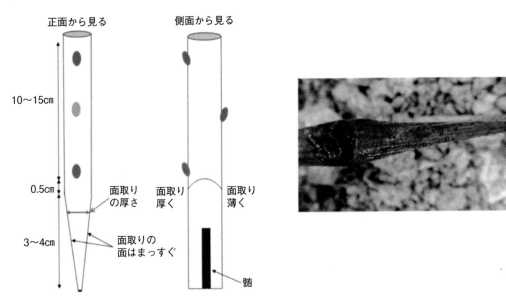

　面取りした木の厚さは、最初の芽のある側がその反対側より少し厚くなるようにつくる。こうすることで、台木との接着はこの芽のある側でより強くなる。接ぎ穂は10cmほどにして、節間の長さによるが2～3個の芽を持つようにする。接ぎ穂は朝方に準備し、その日1日使うことができる。その場合は、バケツに入れて上から湿った布をかけ乾燥から防ぐ。

　機械を使えば、接ぎ穂はもっと早く準備できる。機械は面取りの角度をきちんと守ることができ、何人かの人はそれをうまく使っている。ただし、それらは刃を研ぐことが難しく、手で行うに越したことはない。

④ 台木への接ぎ穂の挿入
　接ぎ穂と台木の形成層（黄色）の部分が合うように挿入することが重要である。接着面がよりぴったり合うほど接ぎ木の質はよくなる。形成層の部分は樹皮のちょっと内側にあるので、台木と接ぎ穂の樹皮（皮層）と樹皮とを合わせるようにするとよい。

　形成層の部分は樹皮のすぐ内側にあるので、台木と接ぎ穂をその樹皮と樹皮が合わさるようにするとよい。理想的には台木のところに手を当てたときに、接ぎ穂がほんの少し出っ張って感じるぐらいがよい。そのためには、前に注意したように古い樹皮を取り除くことを忘れてはならない。

　2本の接ぎ穂を（それぞれの側に）使うこともでき、むしろそのほうが好ましいのだが、成功する機会を倍増させる。

　接ぎ穂の最初の芽は、幹の外側に向くように挿入すること。実は、芽から癒着を助ける植物ホルモンが分泌される。よって、最初の芽が接合面の近くになることが必要だ。接ぎ穂を

こちら側は少し
薄く面取りする

最初の芽は
外側を向くように

こちら側は
より厚く

挿し入れやすくするために、ドライバーのようなものを挿し込んで広げてやるとよい。
　接ぎ穂の挿入が終わり土を盛る前には、接ぎ穂と台木の接合部の質を必ず確認すること。

正しい接合

完璧な位置取り

それにはかがみこんでよく確認すること。

　面取りが正しく行われていなかったり、接ぎ穂が正しく位置取りされていないと成功する
チャンスは非常に小さくなる。

悪い面取りにより接着が悪い　　　割れ目が台木の節のところなので　　接ぎ穂の差し込み位置が悪い
　　　　　　　　　　　　　　　　接着不良　　　　　　　　　　　　（内側に寄り過ぎ）

⑤ 接ぎ木部分の保護

　最も効果的な保護の手段は保護用の筒で覆い、土か砂で埋めてやることだ。この保護の方
法は主として三つの利点がある。

- 乾燥から保護する。接ぎ穂は乾燥に非常に敏感。土や砂をかけてやると接ぎ木部分に十
  分な湿り気を保てる
- 発芽が始まる前に接合部の癒着が完璧となるように、発芽を抑制する温度変化の緩衝を
  実現させる
- 機械作業の事故から保護する

　圃場の土で十分間に合うのだが、次の場合は例外となる。
- 除草剤などの農薬をその同じ年にまき、また前年さえも使っていた場合
- 水を多く含んだ粘土質の土壌。筒の中の土に空気が入る隙間をつくれない
- 石だらけの土地
この場合は他の土地から土や砂を持ってきて用いることができる。

　理想的には、支柱を立て（樹の根元を機械で作業する場合は2本）、保護用の筒は12～15
cmの直径がよい（ウサギや農薬から保護するのに有効で、かつ穂木がまっすぐに伸びる）。も
しブドウ株の根元の作業をするなら硬い筒を使うのが好ましいだろう。

保護用の筒には最後の芽のところまで土を盛る（つまり十数cmの高さ）。もし土が非常に粘土質なら、最後の芽を覆うまで詰めてはいけない。そうでなければ1〜2cm覆うだけでもいい。次いで筒の周りを軽く土盛りする。割れ目を保護する必要はない。土がその中に入り込んでも、なんら問題を引き起こさない。理論的には、接ぎ木部の癒着がうまくいけば、2〜3本の新梢が出て最初の年に0.5〜2mほど伸びる。

4　再接ぎ木の利点と欠点

このテクニックのおかげで、木部の病気になった樹でも接ぎ木の1年後には通常の半分ほどの収穫をあげることができ、2年後には通常の収量となる。補植した場合は平均で4〜5年後に通常の半分の収量となるが、6年経つ前に通常の収量となることは稀である。さらにいえば、再接ぎ木したブドウ樹は根のシステムを引き継いでいるので、もともとのブドウ樹の年齢を持っている。ゆえに品質の面で明らかな利点がある。とにかく、再接ぎ木に要する時間は植え替えよりはるかに少なくて済むし、材料費もより少ない。

どれだけ仕事をきちんとするか、また春の天候状態にもよるが、成功する率は70〜90％の間となるだろう。

このテクニックの主要な欠点といえば、実行するのに最も適する期間が春ということだ（この期間は摘芽と列から飛び出した若木をワイヤーの中に入れ固定する）。

このため、仕事の再配分が必要になる。もう一つちょっと不便なことは、作業が簡単にもかかわらず多くの手間がかかり、すべての人が同じように成功しないということだ。

再接ぎ木後6〜10週経過

再接ぎ木後10〜15週経過

5　再接ぎ木した樹の足の手入れ

　しっかり接ぎ木された接ぎ穂の足元は、最初の年から1.5～2m成長する。支柱に固定するのがよいだろう。

　通常は、接ぎ穂は最初の年に根を発生させる。それらの根は、9月に根元の盛り土を取り除きながら除去することができる。盛り土を再度行う必要はないが、保護の筒はもう一度つけるのがよいだろう。

　これら一連の仕事を秋にできなければ、それらの根は冬に取り除いてもいい。これは厳しい冬となったときに忌まわしい霜の害から守ることにもなる。

　剪定の際には、1本の接ぎ穂だけ残すのがよいだろう。もし2本を残すと、成長するにつれお互いに追い出そうとし合うようになるからだ。残した穂木は樹勢に応じて4～8芽残して剪定する。若木に対するときよりも、多くの芽を残すことをためらう必要はない。なぜなら大人の根のシステムを持っているからだ。

再接ぎ木の1年後、開花少し前

再接ぎ木の2年後、結実のとき

13章 病巣部のかき出し

　もう一つ他の治療のテクニックも実行するに値する。この方法はプサールにより20世紀初頭にすでに用いられており、サンセール地方のブドウ栽培者のジョエル・シロットにより長年にわたり再利用されている。それはエスカ（Esca）や ブラック・デッド・アーム（BDA）に罹患したブドウ株内部の海綿状組織を掻爬する（患部をかき出す）というものだ。このかき出しは小型の電動ノコギリを用いて行われる。このテクニックに関しては、いまだに多くの質問が寄せられている。SICAVACにより行われている試験で数年後には答えがもたらされるだろう。

1　どのような樹をかき出しするか

　すべてのエスカやブラック・デッド・アームに罹患したブドウ株はかき出しできる。症状が軽いほどこのテクニックの効果は増す。これに反し、すでに枯れ死したもの、非常に脆弱なものやeutypiose（ユティピオーズ*）に罹患しているものには、このテクニックは効果がない。この場合には12章で詳細を述べた再接ぎ木のテクニックを用いるのがよい。

（＊子嚢菌類、Eutypa lata、を原因とする隠花植物の植物病）

2　かき出しの原則

　目的は海綿状組織を取り除くことである。つまり黄色く変色し柔らかくなった木部（矢印）である。頭部にある海綿状組織の徹底的除去はとても厳格に行われなければならない。脚部でいくつかの海綿状組織のゾーンを取り逃すことはそれほど深刻ではない。一方、茶色で硬くなっている枯れ死部分を取り除く必要はないようだ。それらは原則なんの問題も起こさないし、それを除去するということは二つの不都合がある。時間の無駄とブドウ株をよりひどく弱らせる。

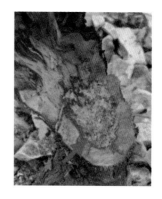

3　どのようにかき出すのか

① 株の幹を開く
第1段階は海綿状組織を見つけるために株を切り開くことから始まる。海綿状組織はしば

しば株の頭部の死んだ木部の下にある。それを見つけるには、死んだ木部や剪定の大きな傷のあるゾーンを探し当てなければならない。同様に、剪定時に重大な不均衡が生じたブドウ樹では株の片側に存在することもある。

　株を開くには、枯れた木部に二つの（V字型）切り込みを入れ双方が合流するようにして樹の部位を取り除く。多くの時間をかけ過ぎないようにするためには、十分大きく切り開くことをためらわないことだ。ときには、樹の生きている部分を攻撃しなければならないこともある。

　電動ノコギリを使い始める前に、機能している樹液の流れを探知しなければならない。絶対にこのような樹液の流れを絶ってはいけない。

② 海綿状組織の除去

　株を開き海綿状組織が見つかったら、今度はそれを電動ノコギリの片側の歯を使って削り落とす。海綿状組織がより大きいようだったら思い切って長さ・幅ともより大きく切り開くようにする。

③ 2本の腕で形成されている株の例

　このブドウ株はエスカの症状を表している。株の頭部に重大な剪定の傷がつくられた。おそらくこれらの傷の下に海綿状組織があるに違いない。V字型に電動ノコギリで切り込みを入れて株を開いた（右の写真の赤色の破線）。

　いったん株を開き海綿状組織を見つければ、その広がりを予測するのは容易だ。この場合は、海綿状組織は右の腕のほうに広がっているのが見てとれる（赤色矢印）。時間を無駄にしないように、この右腕を開いてみよう（右側の写真）。

右側に病巣がある

右側の腕を切開してみる

次は電動ノコギリの歯の片側を使い、海綿状組織の全体をかき出すだけだ。

海綿状組織のかき出し後

④ 不均衡なブドウ株の例

　下に示したブドウ株は剪定のときに激しく不均衡となった。片側がすっかり死んでいる。そこで、その側を開いてみた。

次は、海綿状組織全体をかき出した。

　しばしば起こる間違いは、ブドウ株の頭部に海綿状組織の一部を取り残すというものだ。この場合、このブドウ株はあたかもかき出しの施術を受けなかったかのように、病気の症状を再度現すだろう。ブドウ株の脚部に残ったわずかの海綿状組織は、頭部の場合に比べはるかに小さい影響となるようだ。今行われているテストで、ここ数年内にこれらのことは明らかになる。

取り残された海綿組織（赤矢印）　　もう少し努力が必要　　　　　正しく行われたかき出し

　電動ノコギリの衝撃を抑えるには、ブドウ株の軸に沿って作業する。直角にしてはならない。ブドウ株の軸に対し直角に行われた切り込みは、どんなものでも機能している樹液の流れを切断するリスクを高める。
　下の2枚の写真は正しい位置の取り方を示す。

ブドウ株の軸に沿ってあてる

　次の2枚の写真は、してはいけない電動ノコギリの位置の取り方を示している。健康な木部や最もよく機能している樹液の流れを切断するリスクが高まる。特に左側の写真がそうだ。

　可能なかぎりにおいて、ブドウ株を切り開くときにはノコギリの歯の面で行い、先端を使ってこじ開けることはしない。

5　かき出しを行う時期

　この質問に正確に答えるために、いくつかの試験が行われている最中である。先験的には、かき出しは1年を通しいつでも行うことができる。冬の時期は効果的である。なぜならワイヤーは下ろされているし、葉に邪魔されることもない。この場合はかき出すべき樹を9月のうちにマークしておくことだ。

　理想的タイミングといえば、いずれにしろ病気の症状が現れ始めたときのようだ。症状が発現した後に、早くにかき出された株ほどより症状が抑えられる。このようにして、しばしば収穫を守ることができ、ブドウ株が正しく木化（成熟）することを助ける。

　このタイミングでの不便な点は時間がないということと、人員や仕事をオーガニゼーションするのが難しいことだ。

6　かき出された株の手入れ

　手入れはほとんどいらない。症状が発現したすぐ後（7〜9月）にかき出された場合には、普通は収穫を制限する必要はない。多くの場合は、かき出した数日後にはブドウ株は普通のように成長を再開し、木化（成熟）し、なんの症状もなかった樹のようにふるまうだろう。電撃的なエスカの様を呈しているブドウ株のみ、収穫を少なくしてやり翌年は短く剪定する。

（＊ エスカの症状の発現には二通りあり、一つは７〜８月の最も水分を必要とする時期に突然葉が茶色に変色して数日で枯れる場合、もう一つは何年にもわたり徐々に衰えて枯死する場合である）

　かき出しが冬の間に行われた場合は、ブドウ樹の木化の状況で判断する。もし木化が十分であったなら、剪定のときに普通の負荷を残してよい。反対に木化が不十分であったら、ブドウ樹が翌年に十分な栄養の蓄えができるように少しの芽だけ残してやるようにする。

　ときには、かき出されたブドウ株が翌年に病気の症状を再発することがある。その場合は、海綿状物質の病巣がブドウ樹の頭部または腕（主枝）に取り残された可能性が非常に高い。新たにかき出しを施すことになるだろう。かき出しすることを放棄するのは、すでにブドウ樹が死んでいるかユティピオーズに罹患している場合である。
　一般的に、他には特別な手当ては何も必要ない。多くの場合、かき出した後はブドウ樹は力強く再スタートする。

　いま行われているテストで、このテクニックに関してあげられる質問にうまく答えることができるだろう。
・かき出した後の機械収穫に対する耐性は？
・かき出しを実施するのに現実的に、より適した時期があるのか？
・かき出されたブドウ株の寿命はどれくらいか？
・病気の症状が出ていないブドウ株を、予防目的でかき出しするメリットはあるか？

かき出され、何年も経ったブドウ樹

接ぎ木・苗木の品質と目標

Qualité des Greffes

14章　接ぎ木済みの苗木の品質

　接ぎ木の品質は、木部の病気の広がりを抑制する点において決定的要因の一つといえるだろう。

　確かに、癒合の状態が悪い接ぎ木は確実に寿命が短い。それぞれのブドウ栽培者は接ぎ木済み苗木が確固とした基礎に基づいてつくられたものであることが確かであるように、その品質を有効性の視点から評価できなければならない。

1　接ぎ木済み苗木とは何か

　接ぎ木済み苗木とは、穂木と台木の接合済みのものである。穂木とは伝統的なブドウ品種で品質の高いワインを生産する。台木とはその多くがアメリカ種の交配でつくられたもので、根のシステムはフィロキセラへの耐性を持っている。

　穂木と台木の組み合わせは、1世紀ほど前はそのほとんどが南フランスで生産され（接ぎ木の前に台木は1～2年植えられて）またはブドウ栽培者自身が英式鞍接ぎの台を使って直接つくっていた。今では、ほとんどすべての接ぎ木が苗木商によってオメガ方式の接ぎ木台でつくられている。

　穂木と台木の癒合には達成すべきたくさんの目標がある。
- 合着が正しく、かつ穂木の表面全体が合着するように、穂木と台木の形成層がしっかりコンタクトしなければならない
- 合着のカルス（癒合組織）は穂木を台木から外に押し出そうとする圧力を生じる。それを避けるためには強く組み合わせ一緒に保持しなければならない
- 経済的に採算が合うように、接ぎ木は手際よくかつ素早く処理されなければならない

　現在フランスでは、苗木商らは全員がオメガ接ぎ木を選択している。なぜなら、それが上述の目標に正しく答えるからであり、特にそれが機械化が可能であることが大きい。大量生産がリーズナブルな費用で可能となる。

　ますます多くのブドウ栽培者たちが、早期の衰弱と木部の病気の急速な拡大の原因の一部をオメ

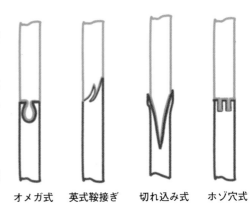

オメガ式　　英式鞍接ぎ　　切れ込み式　　ホゾ穴式

ガ接ぎ木によるものだとしている。我々の行ったいくつかの実験では、オメガ式接ぎ木と英式鞍接ぎ木が顕著な違いを示しているようには見えない。この点を明らかにするにはさらに他の実験が必要だろう。

　しかしながら、私たちはあることを認めざるをえない。接ぎ木のタイプが何であろうと、最も大事なことは合着の質であるということだ。接ぎ穂のすべての周辺部においてパーフェクトでなければならない。接ぎ木の方式がオメガ式であろうと切れ込み式であろうと英式鞍接ぎであろうと、合着の質が悪いと数年後にブドウ樹は大きな衰弱の危険を抱えることとなる。

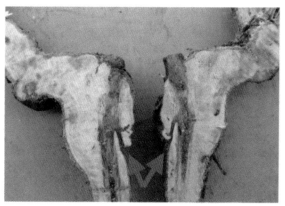 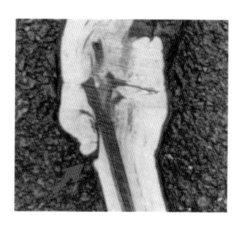

３年のブドウ株

　どんな場合でも、苗木商から出荷された時点で接ぎ穂のすべての面が合着していなかったら、その後で合着することはない。1895年にB.DROUHAULT（B・ドゥルオー）はこう書いている。

「接ぎ木されたブドウ樹のとりわけ樹勢と寿命の長さは、接ぎ木の合着の完璧さにかかっている。合着がきちんとされていない接ぎ木も最初の数年は丈夫な若枝を出すだろうが、しかし、まもなく密着していない部分が成長するにつれ、ブドウ樹は発育が悪くなりやがて衰弱する。人はいつも衰弱の原因を多かれ少なかれ典型的な現象の中に探す。それが単に接ぎ木の不適切な合着によるものだとしてもだ」

2　接ぎ木済み苗木のタイプ

　苗木商から出荷されるブドウの苗木には、いろいろな形態のものがある。主要なものは以下の通り。

　ポット入り春苗木（約0.5ℓ）：これらの苗木は春に接ぎ木された。その後に層形成（接いだ部分の癒合が進む）されて直接ポットに植えられ、温室で6〜10週間ほど栽培された。こ

の苗木は同じ年の春（5月15日〜6月15日）に出荷される。合着はとても弱くテストできない。我々はそれら苗木の利点に慎重である。

ポット入り秋苗木（約0.5ℓ）：これらの苗木は春に接ぎ木された。その後に層形成されて直接ポットに植えられ、苗木商によって丸1年間栽培された。この利点は秋の早い時期（10月の終わりから）の出荷が可能ということだ。その不利益な点は合着が比較的危うくテストができないことと、通常の苗木と比べ根の発育の成長が少ないことだ。そもそも根の発育は管理が難しい。

伝統的苗木：これら苗木は春に接ぎ木され、次に苗木商により露地に植えられ一夏を過ごす。秋に落葉後引き抜かれ、剪定されパラフィンで保護されて、11月中旬から5月にわたって出荷される。これら苗木は、接ぎ木の合着は強固で正しくテストできる。少なくとも3〜4本のよく分かれた根のすばらしい発育があるはずだ。

スーパーポット入り苗木（1〜1.5ℓ）：2種類ある。
- 先述の伝統的苗木で前年につくられたもの。これが苗木商の元で、より大きな容量のポットに植え替えられ2回目の夏を過ごす。これらの苗木は多くの場合、前述のポット入り苗木よりも頑健である。2年経っているので合着は非常に丈夫だ（欠陥品には注意！）
- ポット入り秋苗木で、より大きなポットで1年経ったもの。これらはポット入り秋苗木と同じ欠点を持っている

購入した苗木のタイプに応じて、いくつかの特異点について注意深くあることが大事だ。

3 苗木の品質の確認

① ポット入り春苗木
根の発達具合を確かめるには根の周りの土を取り除かなければならず難しい。この調査はいくつかの苗木について行えばよく、すべてについてする必要はない。

同様に、新梢の木化も確かめることができない。なぜならそれらは成長のまっ最中の5月に出荷されるのだから。

接ぎ木の合着の質は見た目でしか判断できない。なにしろ合着はついこの間のことだしまだ脆弱だから、親指で押すテストもできない（詳細は③で後述）。とりわけ調べなければならないのは、苗木がその全面において合着しているか（穂木の継がれた部分の周り全体にカルス／癒合組織ができている）、また軽く捻ったときに隙間ができないか、ということである。

しかしこの確認方法は難しく、苗木ももろい（とりわけ水分の補給の点において）ので勧められない。

② ポット入り秋苗木、または1年苗木のスーパーポット

根の発達具合の確認は同様に難しい。一方で新梢の木化は簡単に観察できる。それら苗木は10〜15cmのところに1〜2本の木化したりっぱな枝を持っている。もしそうでなかったら、おそらく接ぎ木の合着が悪いか、苗木商のところでストレス（菌類の攻撃、栄養不足、遅過ぎた植え付け……）を受けたに違いない。

接ぎ木の合着の具合は、なんとか確認できる。しかしながら、それら苗木は地面ではなく鉢で育ったので、伝統的苗木より成長は少し劣っており、合着も少しだがより弱い。親指で押すテストは実施できるが、壊してしまう危険があるのであまり強くやらないように。

③ 伝統的苗木

次の4点を調べる

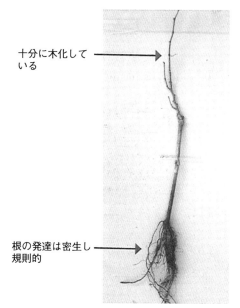

十分に木化している

根の発達は密生し規則的

1―伝統的苗木は苗木商により剪定される。そのときに重大な影響となる局所的壊死を引き起こすような深切りによる剪定の傷がつけられていないことを、必ず確認しなければならない。それには翌年に多くの芽が出るリスクはあるものの、不格好だが苗木にホゾがついていることが望ましい。

2―よい品質の苗木は、苗木商によって8〜10cmの1本か2本のよい枝が形成されている。残念ながら、抜根の前に苗木商を訪問しないかぎり、苗木は剪定されパラフィンが巻かれているので伝統的苗木のそれらの条件を確かめることはできない。場合によっては、苗木商は（剪定もしていない、パラフィンも巻いていない）枝のままの伝統的苗木を出荷することがある。このときはブドウ栽培者が剪定の質をコントロールすることになるが、木化の状態は確認できる。

3―根の発達の質に留意しなければならない。台木の周辺部に少なくとも3本の根がきれいに分かれて伸びていなければならない。もし台木の片側に根がついていなかったり、とても小さ

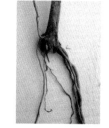

根の発達が不十分で先端部分が壊死

根の発達は正常で先端部分は健康

な根しかなかったら、地表との接点部分（台木の元の部分）の状態を確認する必要がある。その部分は周囲がすべて生きていなければならない。壊死があってはいけない（そのときは捻ると簡単に壊れる）。

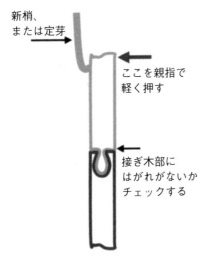

新梢、または定芽

ここを親指で軽く押す

接ぎ木部にはがれがないかチェックする

4―注視すべき決定的要点は、接ぎ木の合着の品質である。「親指のひと押し」テストを実施する。それには苗木を手に取って親指で押してみる。手首を動かさずに穂木を上方に押しやるようにする。このテストは接ぎ穂の両側でやるとよい。多くの場合、合着の悪い側は新梢の反対側である（この側はしばしば合着が悪くなる。なぜなら新梢が出た元の芽からはホルモンが出て、合着の再生組織の形成を促すからである）。

テストの際は、合着部は形が変わらず柔軟でなければならない。どんな場合であっても、台木と接ぎ穂の間に隙間が観察されるようではならない。もしそうなら、合着は非常に品質が悪く、この苗木は取り除かなければならない。

テスト前

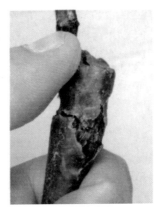

テスト中。隙間ができるか観察

結果：合着の悪い例

④ 2年もののスーパーポットの苗木

ほかのポット苗木同様に、根の発達状況の品質はいくつかの抜き取り調査でしか調べられない。

反面、新梢の木化状況は観察することができる。伝統的苗木の場合と同様に、8〜10cmのよく木化した1〜2本のすばらしい枝が形成されているに違いない。そうでない場合は、合着の品質が悪いか苗木商のところでストレスを受けたからだろう。この種の苗木は売れ残った伝統的苗木か、遅れて鉢植えされた（6月）ことによることもある。この場合は、それら

の苗木は完全な成長のサイクルをまっとうできる時間がない。

　合着の質も確認しよう。2 年ものスーパーポットは、伝統的苗木と同じくらいに厳しくテストされなければならない。合着はより強度であると思われる。なぜなら 1 年多く経っていて接合された以外の部分もカバーされ始めているからだ。親指で押すテストをして、ほんの少しの隙間でもあれば廃棄することになる。

　我々が何年にもわたって試験してきた接ぎ木済み苗木のロットは、大変に多種雑多。あるものは大変満足のいくもので、また、あるものは 30%以上を捨てざるをえないものだった。もし、各栽培者が上に定義した判定基準に最新の注意を払ったなら、苗木商から出荷される苗木の品質は向上するであろう。しかしながら、苗木の市場は現在まで価格市場で値段が決められていた。高品質な苗木への要求は苗木価格の上昇をもたらすことであろう。

　　　　（＊ 日本の苗木は売り手市場で価格が決まっているのに対し、フランスは価格市場である。フランスの苗木の価格は 1 本 100 円程度で、日本の価格の 10 分の 1 にも満たない。ブドウの栽培面積は 2019 年には 86 万 3000ha（日本の 52 倍近い）あり、何社もの大規模な苗木商が良質の苗木を大量に生産している。ブドウ苗木の流通量は膨大である）

まとめ

　ここで紹介された一連のテクニックは、それが厳格に実行されたならば、改植に使う地面に穴を開ける農具の使用を著しく減らすことができるだろう。

　理論に基づいた剪定は、ブドウ株の木部の死の発現を抑制するという予防策として働く。切り返しは健全な基部から再出発することができる。それでもやはりブドウ樹が衰弱したときには、もし台木がまだ健全であったなら再接ぎ木をすることで救うことができるだろう。

　私たちはまた、セントラル・ロワールの栽培者たちがすでに用いている非常に有望なテクニックについても調査している。それはとりわけクルテ（かき出し）に関することだ。小さな電動ノコギリの助けを借りて海綿状物質がある幹の壊死部分をかき出す。

　それら一連のテクニックは、ときとしておそれを抱かせる。とりわけ時間の損失という点においてだ。その心配はすぐに捨てていい。というのは、樹液の流れを尊重するために剪定のシステムを変更するには、しばしばブドウ株の再構築が必要になる。この段階は2～3年かかり、その間剪定にかかる時間は少しばかり増加する（10～15%の増加）。しかし、この段階が過ぎてしまえば剪定の時間は新たに減少し、変更する前より早くなるくらいだからだ。すなわち、各ブドウ樹の剪定方法は明確になり、どんな株を前にしても躊躇することがなくなる。

　他のテクニックも同じく時間のかかるものだ。切り返しは剪定の時間を遅らせ、熟練の再接ぎ木者は1日に50～100株の接ぎ木を行うだろう。また、一人で1日に100～200株のかき出しができる。しかし、死んだ株の改植も非常に時間のかかるものだということを頭にとめなければならない。

　すべての段階（引き抜き、穴あけ、植え替え、保護、施肥）を考慮すると、熟練したチームで1日一人当たり40株を改植できる。株の植え替えは、とどのつまり再接ぎ木より切り返しや剪定に熟練することよりもさらに多くの時間を使うこととなる。それに加え、引き抜きをした後の収穫の消失を加えなければならない。

　それらすべての理由から、これらの一連のテクニックに取り組むことが有効に思える。1世紀以上の古いテクニックだ。人がいうところの農民の良識への回帰とでもいえるだろう。

SICAVAC の取り組み

Centre-Loire

Service Interprofessionnel de Conseil Agronomique de Vinifications et d'Analyses du Centre
（ワイン醸造と分析検査の農学コンサルタントに関わる職業従事者間サービス・センター）
9, route de Chavignol — 18300 SANCERRE
tel. 023 48 78 51 00 — Fax 02 48 78 51 09

CENTRE TECHNIQUE INTERPROFESSIONNEL
DES VIGNOBLE DU CENTRE-LOIRE
Sancerre-Pouilly-Fumé-Menetou-Salon-Quincy-Reuilly
Coteaux du Giennois-Chateaumeillant-Coteaux Charitois

活動分野
- ワインの味覚品質の改善
- 人とテロワールの保護[*1]（保健衛生の保全と自然保護）

学術研究、科学実験と学習

ブドウ栽培において
- テロワール、栽培の実作業、そしてそれらのワインの品質における影響との関連におけるブドウ樹の機能の理解
- ブドウ樹の病害の研究
- ブドウ樹の病害虫（獣）に対する生物による（天敵を使うような）防除措置の実践、および病害の予報の情報処理モデルの適用
- 様々な農耕の実践の環境に与えるインパクトの評価
- ビオダイバーシティ（生物多様性）の保全（セレクション・マサル[*2]の開発）

醸造学において
- 白ブドウにおけるアロマの円熟化と黒ブドウにおけるフェノールの充実の現象の掘り下げた研究
- 醸造のコンディションが与える影響（プレ・フェルマンテーション[*3]のオペレーション）、白と赤ワインの安定化と熟成の条件の違いが与える影響

活動展開と集団的カウンセル

- その年に合ったブドウ栽培の注意事項や醸造に関する助言の週報によるお知らせ
- テーマごとの技術会議やミーティング
- ブドウ栽培従事者や経営者の研修
- 出版物：活動報告書、病害虫防除の指標、技術論文

技術上の進め方や、委託サービスにおける個別対応した支援
醸造の分析検査（COFRAC*4 認定のラボラトリー）
醸造のフォローアップ契約
ブドウ栽培のフォローアップ契約

（＊1 テロワール：ワイン／ブドウの品質、味わい、香りに影響を与えるブドウ栽培地および醸
造地特有の気候・圃場の微気候・土壌、そして長年にわたりその土地で働いてきた人々の英知を
総合したもので、同じ品種のブドウであっても生産地特有の風味を特徴づける要因）

（＊2 同一の圃場、同一品種の圃場においても、ブドウ樹はそれぞれの特性を表す。ベト病など
病気に耐性のある樹、旱魃に強い樹、収量の多い樹、成熟の早いもの遅いものなどなど。セレク
ション・マサルとはこれらの特性の異なるブドウ樹に識別するマークをつけ、数年にわたり栽培・
観察を続けて目的にあった樹を選別する手法である。それから採取した枝を穂木として増殖す
る。地域在来品種の保存にも使われる）

（＊3 アルコール発酵が始まる前に温度を下げ、発酵が始まるのを抑えつつ果汁と果皮のコンタ
クトを高め、フレバーや色素の抽出を促す手法）

（＊4 COFRAC：Comité Français d'Accréditation フランスの認定制度を運営する非営利機関。
農業製品および食品の認定や EC 規格や ISO/IEC 規格等に基づき、試験所・検査機関等の認定
を行っている）

B.I.V.C. の取り組み

Le Bureau Interprofessionnel des Vins du Centre-Loire
（セントラル・ロワール　ワイン業界間事務局）

　セントラル・ロワールのブドウ畑はロワール渓谷（パリから200km）に位置しており、二つの地域
圏の四つの県にまたがっています。
　5500ha にわたるブドウ畑が、シェール、アンドル、ロワール（中心地域）そしてニエーブル（ニヴェ
ルネ地方）にわたって耕作されています。

　原産地呼称のための技術センターの設立が、その規則が適用される枠の中における集団的行動の保
障を可能とさせる組織の設立の考えをもたらしました。このようにして職業者間組織が結成され、ネ
ゴス*とワイン生産者を共通の目的のために結集させながら、各職業人の独立と集団としての力を守る
かけがえのない存在となっています。

　数多くの手続きを経て、1994 年 1 月 17 日に le Bureau Interprofessionnel des Vins du Centre-Loire（B.I.V.C.）が誕生しました。現在は八つの地域呼称を集結しています。SANCERRE, POUILLY FUME, MENETOU-SALON, QUINCY, REUILLY, COTEAUX DU GIENNOIS, CHATEAUMEILLANT と POUILLY SUR LOIRE です。

　B.I.V.C. の法的資格は、主な 19 の地域における他の職業者間組織と同等です。総会はネゴスと生産者の各会社からの同数の代表者からなっています。各参加者の得る利益は次のようになります。

　B.I.V.C. の追求する目的は、フランスのほかの職業者間組織に存在するものと同等に位置付けられます。
- まず第一は、生産の統計を取ること
- 市場の状況の正確な説明と、同じく給与水準の状況の説明
- 品質の大切さの訴求（SICAVAC をうまく手段としながら）
- 集団広報活動、フランスと同様に海外においても
- 地域のワイン品質の、流通の川下における調査

　B.I.V.C. の広報活動の主要な柱は、テロワールの概念とセントラル・ロワール地方のとても重要な地域特性に本質的に結びつけられています。
　平均的予算は年間 90 万ユーロ（約 1 億 8 0 0 万円：1 € ＝ 120 円換算）で、B.I.V.C. の主な目標は、フランスの 0.6% を占める上質のブドウ畑をより向上させることであり、品種の選択とワインのスタイル（例：ソービニヨンとピノノワール）、と同時に豊かな特徴（ガメイ、ピノ・グリやシャスラ）を象徴するブドウ畑を "セントラル・ロワールのワイン" の旗の元に集結させることです。

　そのために、地方・県の機関のみならず、《セントラル・ロワールのワイン》の強くかつよく知れわたったアイデンティティーを守るために、ロワール渓谷の他の同業者組合ともパートナーシップを取る手続きに力を入れています。

　SICAVAC との完全なるパートナーシップで、B.I.V.C. はワインの品質改善に貢献するであろうあらゆる技術革新の促進に取り組んでいます。

　SICAVAC との密な協力関係で B.I.V.C. はこの本の出版とプロモーションの実現を実行します。

　　　（＊ネゴス：ネゴシアン (négociant) の略。製造されたワインを買い取り販売する卸売業者。現
　　　在はブドウを買い取り自ら醸造し、卸売業と兼業する者もいる）

主なブドウ栽培関連用語集

本書で用いられたブドウ関連用語のフランス語と日本語訳の重要なものを以下に示す

フランス語	日本語訳	解　説
baguette	バゲット、長梢、結果母枝	果実を取るための芽を残した長梢
courson	クルソン、短梢、予備枝**(注1)**	2～3芽を残した短梢。翌年以降の樹の構築に重要
sarment	新梢（1年枝）	定芽から発芽し伸びた枝**(注2)**
entre-cœur	副梢	新梢の腋芽のうち側芽から発芽した枝
double bourre または contre-bourre	副芽からの発芽、またはそれによる枝	通常は定芽の中の主芽のみが発芽するが、樹勢が強いと副芽も同時に発芽
tronc / coque	幹、主幹	支柱となる太い幹
gourmand	不定芽、または不定芽から伸びた枝。胴吹き、吸枝、徒長枝と呼ばれることもある	幹・根など通常は発芽しない場所や、2年以上の枝から出た芽や若枝。樹高や樹の均衡を保つのに有用なので、摘芽の際は注意すること
bourrelet de greffage	接ぎ木こぶ	接ぎ木部分にできる瘉瘡痕の膨らみ
greffon	穂木	接ぎ木をする際の上側（地上部）の枝
porte-greffe	台木	接ぎ木をする際の根をつける枝。アメリカ品種や欧州種とのかけ合わせを使う。
rejet du porte-greffe	不定芽、アメリカン	台木から出た不定芽由来の枝
talon	地際部	台木の地表との接点部分
système racinaire	根のシステム	ブドウ樹の根の組織
système aérien	地上部システム	ブドウ樹の枝・葉の組織
entre-nœud	節間	枝の節と節との間
nœud	節	葉、果実、巻きひげ、副梢などがつく
écorce	樹皮、皮層	外側を覆う樹皮。同義語に epiderme
bois	木部、または道管	樹液の流れる維管束の組織
moelle	髄	幹や枝の中央部分
diaphragme	節壁	節を横断する組織
œil franc	定芽、潜伏芽、潜芽	前年に形成され、翌春になると芽吹き新梢を出す芽**(注3)**
cicatrice foliaire	落葉痕	落葉した後の葉柄がついていた場所 この傷跡の上にあるのが定芽
bourillon	基底芽	陰芽の一番大きい芽。最初の定芽の反対側に位置する。通常は発芽しない
yeux de couronne	陰芽	枝の付け根に冠状につく複数の芽。基底芽とともに通常は発芽しない
bourgeon latent	œil franc と同義	**(注3)**
bourgeon principal	主芽	主たる新梢として最初に成長する芽

bourgeon secondaire	副芽（2次芽）	主芽を失ったときに発芽する。樹勢が強いと主芽とともに発芽する場合もある
troisième bourgeon	3次芽	主芽・副芽を失ったときに発芽
bourgeon anticipé	側芽	腋芽の一つで、樹勢が強い場合や、摘心を行うと発芽し、副梢をつくる
parenchyme cortical	皮層の柔組織	分裂機能のある細胞組織
phloème	師部	維管束の冠状組織で、葉などでつくられた同化物質を含む樹液を下（幹や根）へ導く
cambium	形成層	茎や根を成長させる分裂組織
xylème	木部／道管	維管束の内、道管・仮道管・木部組織からなる細胞組織。根から吸収された水分・ミネラルなど（樹液）を上（枝や葉）に送る
sève	樹液	根が吸い上げた水分・ミネラル類からなる上昇樹液と、葉などがつくった糖分・有機酸などの同化物が運ばれる下降樹液がある
chicot	ホゾ	剪定の際に、切り口からの乾燥（枯れ込み）を止めるために残す突起部分
thylles	チロース	道管部にできる樹液の流失を防ぐために生じた細胞群
vigueur	樹勢	樹の勢い、力強さ
charge	負荷	芽の数
empattement	基底部	ここでは枝が幹に接する基底部分
Guyot (simple/double)	ギュイヨ（シングル／ダブル）	長梢剪定の一つ。長梢の結果母枝と短梢から成り立つ。ダブルは2本の長梢
Cordon de royat (double)	コルドン・ドゥ・ロワイヤ（ダブル）	主枝の上に複数個の短梢をつくり、結果母枝とする。ダブルは主枝が2本

（注1）一般的に予備枝という語も使われるが、果実を収穫するための結果母枝が損傷したときの"予備"の枝という誤解が生まれるのを避けるため、本書では予備枝という語を使わない。クルソンはそれ独自の役割がある。クルソンはブドウ果実をつけることもあるが収穫が目的ではなく、翌年の仕立ての構築に必要な枝をつくるものとして重要である

（注2）"枝"の呼び名は pampre, sarment, rameau, branche、tige といろいろあるが、一般的には発芽後の若枝は pampre、sarment は特に8月以降に緑色から赤茶色に変色し木化した枝をいう

（注3）同義語に、bourgeon latent, bourgeon dormant がある。春に葉の付け根に形成される腋芽で、枝の成長とともに休眠に入り、冬を越して翌年春に発芽する。この芽の中には、休眠に入る前にすでに5〜6節までの節・茎・花・葉をつくる設計図ともいえる原始的花序原基ができあがっている

翻訳を終えて

若枝を誘引したり、はみ出した副梢を切り落とした
りする作業（フランス・ブルゴーニュ。7月）

　フランスからの帰国後、2019年2月に長野県がSICAVACから講師を招き剪定の講演会を
開くということで、現地での実習並びに講演のお手伝いをさせていただいた。長野県高山村
地区、東御市地区、塩尻市地区と3回の剪定の実習と4時間近い講演は、ブドウの生理に基
づく理論をベースにして現場に即した実践的な内容であるため、非常にわかりやすく納得の
いく内容であった。

　そのとき私は、日本ではブドウ栽培や剪定のやり方、つまりハウツーは教えるが、それが
どのようなブドウの生理により、どのような理論から成り立っているのかを教えていないの
ではないか、と感じた。日本には古くから発酵の文化があるので醸造面は様々な研究がされ
ているが、ブドウ栽培におけるブドウ樹の生理学をきちんと教えるところは少ないのかもし
れない。これまで日本のブドウ栽培は生食用の棚栽培が中心であったから、ワイン用ブドウ
樹の生理や栽培技術についてはなおさらである。

　ワイン造りを目指す人は多く、異業種からの参入や転職組の人もかなり増えている。その
ような新規参入者のためのワインスクールもいくつかあり、ワイナリーを立ち上げるための
有益な情報を提供している。しかしこれから日本ワインを真に発展させるには、まずはブド
ウ樹のサイエンスを学べる場の確立が欠かせない。本書をきっかけに、少しでも多くの方々
にブドウ樹の生理に関心を持っていただけたら幸いである。

　前に述べた通り2019年に長野県松本農業農村支援センターの中澤徹守氏（当時、長野県農
業試験場企画経営部でワイン用ブドウを担当）が中心になり、SICAVACから講師を招き演
習を行った際に、お声をかけていただきお手伝いさせていただいた。これがきっかけとなり
本書の翻訳を強く思い立った。

　出版にあたっても多くの方々のご助言をいただいた。もちろん、中澤氏の協力なくして
は本書の出版はかなわなかったであろう。信州たかやまワイナリーの田口いずみさんとは、
SICAVACの講演の際に一緒に働かせていただき、中澤氏とともに3人でブドウ用語の解説
に頭を悩ませた仲である。本書の解釈や用語の説明に大いに参考にさせていただいた。また、
ヴィラデスト・ワイナリーの小西徹社長には、醸造家およびブドウ栽培者の立場から用語の
使い方をはじめ数々のアドバイスをいただいた。併せて記して厚く感謝申し上げます。

榎本 登貴男

著　者──SICAVAC（シカバック）
　　　　Service Interprofessionnel de Conseil Agronomique, de Vinification et d'Analyses du Centre
　　　ブドウ栽培と農学コンサルタントに関わる職業従事者間サービスセンター。フランスでは実践的なブドウ樹管理手法で知られ、セントラル・ロワール地域圏におけるブドウ生産者のサポートを担う。

制作協力──B.I.V.C.
　　　　Bureau Interprofessionnel des Vins du Centre-Loire
　　　セントラル・ロワール　ワイン業界間事務局。1994年に設立。セントラル・ロワール地域圏における生産の統計、ワイン品質の調査、広報などに取り組む職業者間組織。

訳　者──榎本登貴男（えのもと　ときお）
　　　　1953年、埼玉県生まれ。上智大学経済学部卒業後、ソニー株式会社入社。経理・財務担当として国内外の事業をサポート。そのうち8年間をフランスで勤務する。2002年に外資系企業に転職した後、2012年に渡仏して、ブルゴーニュ地方のボーヌのCFPPA（職業訓練校）でブドウ栽培とワイン醸造を学ぶ。2014年6月、BTS V.O.（ワイン醸造とブドウ栽培の上級技術者資格）を取得。2014年7月、モンペリエ大学理学部化学学科（DNO準備課程）に入学。ブドウ・ワインに関わる化学を中心に学び、2016年6月卒業し化学のライセンス3取得。2016年7月、モンペリエ大学薬学部に入学。2018年6月にDNO（Diplome National d'OEnologue：フランス国家認定醸造士）の資格を取得し卒業する。2018年9月にブルゴーニュ大学 Institut Jule Guyot（ジュール・ギュイヨ研究所）でScience de la vigne（ブドウ樹の科学）課程を履修。
　　　2019年2月に日本に帰国し、長野県軽井沢町に在住しながら長野県を中心にフリーでブドウ栽培者・ワイナリーのサポートをしている。

デザイン────塩原陽子
　　　　　　　ビレッジ・ハウス
企画・編集協力────中澤徹守
校正────吉田 仁

ブドウ樹の生理と剪定方法～病気を防ぐ樹体管理～

2021年2月15日　第1刷発行

著　　者──SICAVAC（シカバック）
訳　　者──榎本登貴男
発 行 者──相場博也
発 行 所──株式会社 創森社
　　　　　〒162-0805 東京都新宿区矢来町96-4
　　　　　TEL 03-5228-2270　FAX 03-5228-2410
　　　　　http://www.soshinsha-pub.com　　振替00160-7-770406
組　　版──有限会社 天龍社
印刷製本──中央精版印刷株式会社